EQUITY POWER

股权的力量

中小企业股权设计与股权激励实施全案

何红旗◎著

股权设计 打造全新的合伙人机制
股权激励 最大限度激发员工潜能

当代世界出版社
THE CONTEMPORARY WORLD PRESS

图书在版编目 (CIP) 数据

股权的力量：中小企业股权设计与股权激励实施全案 / 何红旗著 . —北京：当代世界出版社，2018.1

ISBN 978-7-5090-1301-4

Ⅰ.①股… Ⅱ.①何… Ⅲ.①中小企业－股权管理－研究 Ⅳ.① F276.3

中国版本图书馆 CIP 数据核字（2017）第 296364 号

书　　名：股权的力量：中小企业股权设计与股权激励实施全案
出版发行：当代世界出版社
地　　址：北京市复兴路 4 号（100860）
网　　址：http://www.worldpress.org.cn
编务电话：（010）83907332
发行电话：（010）83908409
　　　　　（010）83908455
　　　　　（010）83908377
　　　　　（010）83908423（邮购）
　　　　　（010）83908410（传真）
经　　销：全国新华书店
印　　刷：三河市兴国印务有限公司
开　　本：710 毫米 ×1000 毫米　1/16
印　　张：18
字　　数：250 千字
版　　次：2018 年 3 月第 1 版
印　　次：2018 年 3 月第 1 次
书　　号：ISBN 978-7-5090-1301-4
定　　价：55.00 元

PREFACE 序

作为一名长期致力于企业股权设计和服务的实践者，我们北大红杉在五年多的时间里辅助了近100家中小企业，培训过近万家企业人员，其中既有业绩好、规模大的知名企业，也有"小而美"的创业团队。不管是辅助实践，还是培训，我们发现虽然股权在如今的资本时代已经被炒得"火热"，但大多数中小企业老板对股权的概念仍很模糊，有些企业老板、高管甚至连股权是什么都不知道。

这样的现象着实让人着急。要知道，资本时代，股权的重要性无与伦比。对于中小企业来说，科学合理的股权结构是企业发展的前提，股权没有设计好，势必会对企业的融资、吸引优秀人才、留住核心人才、增强企业的凝聚力和向心力等造成难以挽回的损失。

股权，是中小企业做大、做强的重要因素之一，是企业治理的"标配"。然而，对于股权到底是什么、股权结构到底应该如何设计、股权结构如何搭建、合伙人之间如何分配股权、股权激励如何做等问题，我们虽然可以找到很多相关的书籍，但大多只是停留在理论阶段，对于如何落地实操，很少有人详细介绍，特别是针对中小企业的，尤其如此。

不管是在《资本盛宴》，还是在《掌门人》的课堂上，经常有人问我："何老师，能不能把您的股权模板给我一套？"

这是一个令人尴尬的问题，不是我舍不得给，而是根本没有什么模板。

在网上、各大书店，经常有很醒目的宣传文字："适合企业股权设计或股权激励的模板"。事实上，对于股权设计和股权激励，根本没有模板。因为每家企业的经营状态不同、合伙人的人数不同、员工的层级不同，因此很难有一套企业拿来就能用的模板。或许，这样的股权设计和股权激励适合张总的企业，但却并不适合陈总的企业。所以，我奉劝各位中小企业家，别再相信什么"一套股权设计模板适合所有企业"的鼓吹了，这样只会害了你自己。

股权设计是技术，也是艺术。仁者见仁，智者见智，本书并不是一套股权设计与股权激励的模板，而是立足于股权，围绕中小企业的股权设计、合伙人股权分配、股权激励等展开，从最基本的股权思维说起，让中小企业老板明白股权的真正概念，牢牢掌握企业的控制权，设计出科学合理的股权结构，科学地切蛋糕和进行股权激励。

在撰写本书之前，我查阅了市面上关于股权设计与股权激励的大量书籍，其中不乏一些不错的书。但令我感到遗憾的是，有的书介绍的股权方面的知识过于理论化，普通人很难理解；有的虽然列举了一些股权方面的成功案例，但大多是国外的企业，忽视了中国企业所处的法治和人文环境；有的拼凑味道太浓，缺乏可读性。

由于本书主要面向中小企业老板、管理层、企业核心层人员和从事股权相关工作的人士，这些人大多比较忙，能静下心来读一本书的时间很有限，为了解决这一系列问题，我们在本书中用通俗易懂的言语和丰富的案例，再配上一目了然的图表来为读者献上一顿关于股权的饕餮大餐。我们强调的是落实和实践，把供中小企业家借鉴的方法一一呈现。在本书中，我们坚决不喊口号，力求解决中小企业股权的实际问题。

当然，可读性非常重要，为了让您轻松掌握股权设计与股权激励的实操技巧，我们对重要理论知识点尝试以直白的翻译，用大家容易理解和接受的方式，或案例、或绘图、或图表呈现出来。

由于我们与所辅助的企业有保密协议，所以有些案例无法用其真实名称，书中用字母代替，敬请谅解。

开卷有益，如果读者能通过阅读本书，认识股权、懂得掌握企业控制权、设计科学的股权结构、合理地与合伙人分配"蛋糕"、做好股权激励，那么我将荣幸之至。

希望各位读者能够在这本书的带领下，从现在开始，精心"雕琢"企业的股权结构，"修炼"足以激励员工的股权激励方案，自在从容地做大、做强企业。

2018 年 1 月

02
.PART.

股权之争：把握企业航行的舵，控股才是王道——合伙人开放

03
.PART.

股权之术：掌握股权激励落地的翻转腾挪之术——员工释放

Part 1

股权之道：企业做大、做强之道
——老板解放

CHAPTER 01
资本时代，
企业为何一定要进行股权设计？

资本时代的到来，让中小企业老板看到了做大做强企业的曙光。阿里巴巴运用股权玩转资本市场的成功做法让人不得不感叹：股权让资本倍增的力量如此巨大。这就是资本的魅力，这就是在资本时代做股权的魅力。股权是中小企业创富于员工、创富于股东、创富于投资人、创富于上下游的一种必须选择。

1.1　股权思维，中小企业做大做强的直线逻辑

◎【股权设计看点】

2017 年 10 月，在云栖大会上，软银中国资本执行董事潘政荣在阿里校友创业会做了演讲分享。在分享中，他提到："中小企业要不断为资本服务，特别是在 2017 年资本市场回暖的情况下，中小企业一定要紧抓股权这一条线，用股权思维连接资本，让企业长成参天大树……"

此次创业会的内容与洞见与我们这几年坚持做的事情和理念不谋而合。我们北大红杉这几年一直致力于中小企业股权的设计，无论资本市场的情况如何，我们都始终坚守在股权的这条主线上，坚持为中小企业提供股权设计服务。我们深刻地认识到：如今的中小企业已经进入了"对接资本"的时代，正如潘政荣先生所说的那样，中小企业已经一改之前埋头苦干的做法，中小企业的老板，都有一个把企业做大、做强的梦想。

中小企业老板这种想通过资本、股权把企业做大、做强的梦想，就是潘政荣先生所说的股权思维。股权思维，简单来说，就是通过股权运作来优化和配置社会资源，实现利润和财富倍增的过程。换句话说，就是在资本经济的基础上加上股权这根"杠杆"，提高企业的利润空间和灵活性，让其撬动更大的市场。

在如今"大众创业、万众创新"的发展引擎下，股权思维已经成为当下中小企业做大做强的直线逻辑。

管理大师彼得·德鲁克曾经说过这样一句话："一个企业的成长被其经营者所能达到的思维空间所限制。"用我们的观点解释这句话，就是说中小企业的老板要想做大、做强企业，就必须首先拥有股权思维。如果没有股权思维，

那么公司做大、做强将是一句空话。小米公司就是以股权思维定天下最好的典范。

◎ 【股权设计案例】

股权案例：小米公司股权思维定天下

如果问近几年实现高速成长的企业有哪些？小米毫无疑问位列其中。这一点，通过下面的数据就可看出。

2015 年"最受赞赏的中国公司"排行榜中，小米排名第 4；

2015 年"中国通信专利"排名中，小米以 3183 个专利排名第 4；

2016 年中国互联网企业 100 强中，小米排名第 13；

2016 年畅销手机排行榜中，小米排名第 7；

在艾瑞咨询发布的《2016 年独角兽企业估值排行榜 TOP300》中，小米以 450 亿美元的估值排名第 2，仅次于蚂蚁金服（见图 1-1）。

图 1-1　艾瑞咨询发布的《2016 年独角兽企业估值排行榜 TOP300》

分析小米的发展史不难发现，小米其实是典型的靠"股权思维"成长起来的企业。首先，小米打造了一个全新的商业模式，通过股权出让的方式吸引了合伙人和投资商的加入，组建了创始人团队，并拿到了1000万美元的创业资金。在发展的过程中，小米采用了股份合伙制架构。合伙人之间通过股权建立了利益共同体，即享有分享利润的权利，又需要承担责任。企业将管理权充分下放，各合伙人分属不同的业务板块并全权负责，包括人事管理、业务运作等，其他人不予干预。其组织架构基本上只有三个级别（见图1-2）。

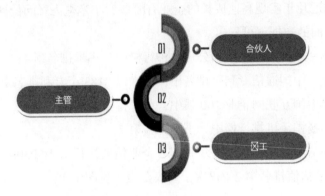

图1-2　小米早期的组织架构

各合伙人由于共同的利益结合在一起，因此对下属员工的选择一定是找一流的人才，由此塑造了小米卓越的人才队伍，这也成为企业发展的强大驱动力。同时，各合伙人成为企业股东后，拥有了分享利润的权利，这会促使他们自觉采取各种方式降低成本，加强管理能力，进行技术创新，积极拓展市场空间，从各个方面提高企业的竞争力，提高经营业绩。

当小米持续快速发展时，投资机构"锦上添花"，投钱给小米，谋求占有股份，以便在企业高速成长的时候可获利退出。

步入成熟阶段后，小米有了足够的、稳定的现金流，又可以通过股权投资寻求更大的市场机会，获取更优惠的供应链，追求更多的利润。比如，投资美的，达成小米设备和美的设备的互联互通；投资优酷和爱奇艺，在内容生态链中寻找盈利切入点。

小米以股权为杠杆，仅用5年时间就成为了价值450亿美元的企业。试想一下，如果小米按照传统的"市场思维"去运作，其过程将是这样的：首先，找资金用于手机产品研发；然后，准备资金购买设备、厂房、招聘人员，并生产产品；产品生产出来后又要找渠道商砸钱做广告，卖货。如果用这样的运作模式，很可能小米手机还没有到消费者手中，就已经"夭折"了。

通过小米做大做强的过程，我们不难看出，"股权思维"背后杠杆的力量是巨大的，小米就是靠着股权思维方式迅速壮大起来的，这一点值得每一位中小企业的老板学习借鉴。

◎ 【股权设计看点】

纵看如今的市场，千万中小企业你方唱罢我登场，各领风骚三五年。这样激烈的竞争状态，中小企业靠什么去竞争？靠广告、形象、服务吗？还是顶层设计、商业模式？我们认为这些都不是最重要的，这些可以是中小企业经营活动中必不可少的手段，但不是赢得竞争的法宝。

中小企业之间竞争的真正核心是创造并运用这些经营手段的企业家思维。中小企业要实现更大的资本梦想，其老板就必须具备股权思维的能力，通过股权设计来进行资本运作，这是从赚钱思维到资本增值思维的必经之路。那么，中小企业家应该具备什么样的"股权思维"呢？它真正的内涵又该如何理解？我们结合近几年股权设计的实践体会，列举出"股权思维"的五大思维理念（见图1-3）。

图 1-3 "股权思维"的五大思维理念

♦ 合伙人思维

"股权思维"的第一个内容就是合伙人思维。所谓合伙人思维，就是中小企业的老板在创业和企业发展的过程中要具有共创、共享、共担的思维理念，懂得优势互补、互利共赢才能把企业做大做强。

通俗地说，合伙人思维，就是赚了钱，大家分，赚不了，大家负担。在现实中，我们经常会看见这样一种老板，合伙赚了钱，把平台整成自己的，挤走合伙人。这是一种非常错误的思维模式，是应该坚决摒弃的。中小企业老板一定要有合伙人的思维，不要把自己当老板，把员工当干活的。我们可以把员工当成合伙人，大家一起朝着既定的目标和愿景努力，共创、共享、共担，一起做大这块"蛋糕"，然后共同分享。

◆ 共赢思维

共赢思维是检验中小企业老板是否具有高站位、大视野、利他人思想境界的试金石。我们都知道，企业的股东都享有平等的权利，同时也承担对等的义务。如果一家企业赚钱了，那每个股东都赚了；如果一家企业亏钱了，那么每个股东都亏了。所以，中小企业的老板要具有共赢的思维模式，不要只从自身的利益出发，而是要积极地为其他股东、员工、经销商、供应商等着想，寻求做大做强的宏观战略与策略。

共赢思维的本质是"利人"。华人首富李嘉诚在总结自己的从商心得时说："做生意要打出以利人为先的牌，小利不舍，大利不来。"这足以说明，李嘉诚能成功做大做强企业，成为华人首富，其共赢思维是重要原因之一。中小企业家要想在市场上获得更大的份额，就要具备"利人利己"的共赢思维。我们可以通过股权激励整合上下游的经销商、供应商，一起将市场这块蛋糕做大，这样我们分得的份额才会更多。

◆ 产品思维

所谓产品思维，就是说中小企业的老板要把企业的股权看成企业的"无形产品"，企业的股权有它自己的专业销售渠道——新三板、创业板、中小板、新四板、主板、私募股权交易所等。在产品定价方面，企业股权的定价方式包括竞价交易、做市商定价交易、协议定价交易等。中小企业的老板要像经营产品一样去经营自己企业的股权，这样才会让股权得到升值，企业才会越来越值钱。

♦ 整合思维

所谓整合思维，就是中小企业的老板在经营企业时，不仅要考虑企业内部的既有资源，还要将企业外部的资源纳入思考范围，通过股权的有机组合，达到为企业所用的目的。泸州老窖就是通过股权激励将企业外部的经销商和供应商整合在一起，做大市场的。在这个过程中，经销商和供应商通过做大业绩，提高了泸州老窖的利润，同时也使自己手里的股权得到了升值。这是一个良性循环，形成了一个良性的闭环财务系统，避免了资源的浪费。

中小企业老板要注意的是，整合思维不是简单的1+1，也不是1+N，而是在企业内部和外部资源之间寻找共同的利益点，并且使之达到平稳，这样的整合思维才会像泸州老窖一样结出硕果，为企业带来收益。

♦ 运营思维

为何阿里巴巴、京东、滴滴这些企业的股权如此值钱？他们之所以成为"值钱的企业"，除了运用股权和资本，还依靠了优秀的人才团队及科学的管理体制。不管什么样的企业，其核心任务是做运营，而不是为了玩股权而玩股权。这就是中小企业老板要具备的运营思维。

如今，赚钱的野蛮时代已经过去，未来是拼真本事的时代。在商业竞争越来越激烈的今天，中小企业家要转变自己的固有观念，运用股权思维来构建资本思维，才能博得一席之地。

1.2 什么是股权？它的作用是什么?

◎ 【股权设计看点】

现在是大众创业、万众创新的年代，伴随着第四次创富的浪潮，"股权"

忽如一夜春风来，千树万树梨花开。关于股权的书籍、培训也如雨后春笋，纷纷涌现。股权既是一门技术，也是一门艺术，多少企业成也股权，败也股权。

纵观如今的中小企业，从怀着一腔热情开始创业到走向衰败，其中固然有市场、产品的原因，但很大一部分原因是中小企业自身的原因。我们曾经对无数中小企业倒闭事件（包括前几年我自己的几个初创企业）作过观察和研究，发现中小企业每每在提及失败的原因时往往没有击中要害。如果中小企业的老板真的知道他们错在哪里，他们可能就不会失败了。

根据我们近几年对中小企业的研究及实践，我们认为中小企业的失败，最大的原因在于忽视股权设计或股权设计不当。换句话说，中小企业不全是死于外部的竞争，很大一部分是死于企业内耗。看看最近几年出现的"真功夫"、"西少爷"、"俏江南"、"1号店"等企业，总能让我们在惋惜的同时思考：他们几乎都曾是细分行业的领先者，为何会衰落？他们落败的真正原因就是股权设计不当，导致权力和利益分配不均，要么被自己人搞死，要么被外人夺取控制权。

股权就是企业的根，树没有根会死掉，股权出问题企业也难活。在创业阶段，老板要吸引合伙人，就要进行股权分配，如何分配？创始人占多少股份？企业做到一定规模，老板需要对核心员工进行股权激励，如何给员工分配股权？企业不断发展壮大，需要股权融资，如何进行估值？……总之，当你决定与合伙人一起创业时，就要考虑股权设计，这就需要你先了解股权。中小企业老板的梦想就是股权的财富传承。

股权是企业的根，是如此重要，那么什么是股权呢？

股权，通俗地说，就是股东的权利，有广义和狭义之分。广义的股权，指的是股东对企业享有的权利；狭义的股权，指的是基于股东的资格，享有的责任、义务和获得的利益。总结起来，股权就是以下四大块内容（见图1-4）。

知道了股权的具体概念，那么，股权对于中小企业的作用是什么呢？下面，我们通过前段时间热播的电视剧《人民的名义》来了解一下股权的作用，为何大风厂的工人不惜烧伤也要守住股权？

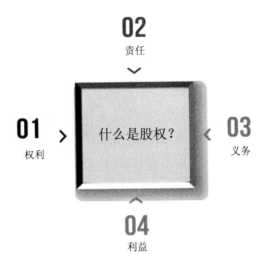

图 1-4 什么是股权？

◎ 【股权设计案例】

股权案例：大风厂工人为何不惜烧伤也要守住股权？

前段时间一部反腐电视剧——《人民的名义》引起了强烈的反响。在《人民的名义》的剧情中，大风厂工人因股权纠纷护厂。

大风厂由于经营问题，以企业的股权作质押，向山水集团借款 6000 万。后来由于大风厂无力偿还这笔借款，山水集团根据合同约定要受让全部股权。当时大风厂的股权市值约 10 亿，同时根据合同约定，山水集团不必给大风厂员工任何补偿。

当时大风厂的股权结构是这样的（见图 1-5）。

由于大风厂的员工占有大风厂发行的原始股 40% 的股份，这些股份对于员工来说，就意味着金钱和希望。一旦大风厂上市，他们就可以凭借手中的股权获得几倍或几十倍的财富。而如果山水集团不进行任何补偿，那么他们拿到的股份就是一张废纸。所以，大风厂的员工基于利益的考虑，不愿履行合同，在他们心中，股权就代表着金钱和希望。

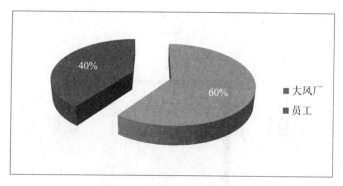

图 1-5　大风厂的股权结构

◎【股权设计实操】

为何大风厂的工人要拼命守住股权？原因很简单，因为他们认为自己手中的股权是值钱的。这大风厂通过股权激励让员工知道了股权的重要性及其所带来的效益。那么，对于中小企业来说，股权有什么作用呢？（见图1-6）

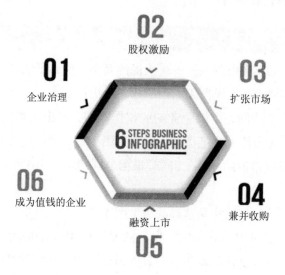

图 1-6　股权对中小企业的六大作用

● 股权有助于企业治理

股权的第一个作用是企业治理。企业治理是什么？相对应的一个词就是企业管理。企业管理和企业治理有什么区别？企业管理一般来讲是管理员工，如果员工不听话，我们可以对他进行惩罚，或者直接叫他卷铺盖走人。而企业治理一般来说是管理股东，如果股东管理不好，我们可以对他进行惩罚，或者直接叫他走人吗？当然不行。员工管理不好，可以换员工；股东管理不好，企业就可能翻船。所以，管理股东要比管理员工重要得多。企业治理不好，可能产生很多后果，比如哥们变成仇人，你辛苦把企业做大、做强了，结果失去了对企业的控制权；无法适应企业快速发展的人，占着重要位置做不出成绩，新进的能人没有股权也进不了决策层。

通过股权设计或股权激励，中小企业可以实现良好的企业治理，管理好股东，把企业培育成一个富有活力的生命体，让企业的高管、核心人才站在股东的角度思考企业的整体利益和未来的长远利益。有效地统一各利益群体的目标，既离不开有效的监督，也离不开适度的激励。

● 起到股权激励的作用

股权的第二大作用便是激励作用。股权激励是关于"股散人聚、股聚人散"的艺术与学问。中小企业可以通过分配或赠予股权激励核心高管、员工。利用股权激励，企业可以留住核心人才，让员工以主人翁的心态，在企业的平台上实现自己的创业梦想。利用股权激励，企业可以打造一个有战斗力、凝聚力、向心力、主动性强、忠诚度高的核心团队，为企业的寡头发展之路提供坚强的智力支撑。

华为就是依靠股权激励，打造出了一个"狼"性团队，提高了企业的核心竞争力，这是其发展并取得全球通信设备供应商领袖地位的重要因素之一。

● 有助于扩张市场

股权的第三个作用是有助于企业扩张市场。当企业要扩张的时候，可以通过稀释股权并购同行和上下游企业来进行，这种方法尤其适合于中小企业快速做大。

还有一种方法是通过股权激励，整合上下游供应商和经销商，这是企业实现细分行业寡头经营的很好选择。分给供应商和经销商适当的股权，让他们为了获得股权带来的更大利益与公司共同努力，提升业绩，实现三方共赢的局面。

总之，对于中小企业来说，要想不被大企业兼并，并顺利走上扩张市场的道路，就要掌握好股权。通过做好股权设计，搭建好股权结构，吸引有能力、有资源的合伙人和优秀人才，通过股权并购快速扩大市场规模，通过与经销商、供应商、金融机构等进行股权捆绑结成更紧密的利益相关者，最终通过资本市场的杠杆效应，让企业杀出重围，走向成功。

♦ 兼并收购

股权的第四大作用就是兼并收购。可以毫不夸张地说，股权是中小企业用来同业兼并收购的法宝。企业以股权为纽带，可以快速实现行业整合。如今，很多企业都是通过股权进行行业整合，成为标杆企业的。比如，百丽鞋业刚进入内地市场时，通过股权并购了内地一些鞋业的生产商，使得企业飞速发展，成为中国女鞋行业的标杆，然后又通过并购森达鞋业，为其进入男鞋行业奠定了基础。

♦ 融资上市

股权对于中小企业的第五大作用是融资上市。中小企业可以通过股权融资、股权激励提高企业知名度，帮助企业上市。这个作用对于中小企业来说，是非常重要的，股权值钱就值钱在这里。企业融资主要靠的就是出让股权，如果靠变卖企业的固定资产，那就等于在卖企业，而股权转让出去，通过科学的股权设计仍然拥有企业控制权，不仅不会失去企业，还会让企业发展得更好。

♦ 成为值钱的企业

股权的第六个作用便是成为值钱的企业，而不是赚钱的企业。企业的价值不在于赚了多少钱，而在于值多少钱。比如，京东并不赚钱，但却值450亿美元，是一家名副其实的值钱企业。这里的"值钱"，除了说企业的产品值钱以外，更多的是看企业的股权是否值钱，股权值钱才能称为值钱的企业。

1.3 股权最基本的十一项权利是什么？

◎ 【股权设计看点】

通过上一节的介绍，相信大家已经对股权的概念和作用有了一定的了解。为了加深大家对股权本质的理解，进而做好股权设计和股权激励，中小企业的老板还需要对股权的权利有清晰的认识。

在现代企业中，股东和企业之间的关系既密切又各自独立。股东对企业来说就像是孕育自己的母亲，没有股东就没有企业。而企业一旦诞生，股东和企业就要财产分离，而且股东的人格也是独立的。在企业发展的过程中，股东通过资本注入，把资产的所有权让渡给企业，从而获得企业的股权。就像是母亲花钱培养孩子，孩子长大了要孝顺母亲一样。在这个过程中，股权和企业财产权是同时产生的，都是股东给钱后的法律结果，股东付出了自己的财产，获得了企业的股权；与此同时，股东在其享有的股权或者股份的范围内，享有企业的所有权。

比方说，股东 A 通过出资 70 万，获得了一家企业 70% 的股权。在股东 A 的资金到位以后，70 万就归企业所有，成为该企业的资产，而股东 A 就享有该企业一部分所有权。

企业财产权的核心和灵魂就是股权。一般来说，股权分为两大板块——身份权和财产权。所谓"身份权"就是指通过股东身份可以享有一部分权利，履行一部分义务；而"财产权"是指以财产利益为中心，通过转让、处分等途径获得收益的一项权利。新东方就是因为早期在股权的权利上产生了矛盾，才出现后来"诸侯割据，另起锅灶"的局面。

◎【股权设计案例】

股权案例：新东方因权利和利益问题导致分裂

1993 年 11 月，俞敏洪放弃大学教师的工作下海经商，创建了新东方学校，并逐步在全国 34 个城市建立了英语学校和其他学习中心。刚起步时，新东方的员工都是俞敏洪的亲属。虽然没有现代化的企业管理制度，但是这样的现状也不错，不需要看管员工工作时间，也不需要监控财务，因为都是自家人。但是，自家亲戚毕竟存在文化水平不高、管理经验不足的问题。所以到 1995 年底时，俞敏洪觉得如果想要再干下去，必须要有真正意义上的合伙人。在创业能力方面，俞敏洪比徐小平、王强两个人强，但是后两者在某些方面，包括他们的英语水平、对于西方文化的了解却胜过俞敏洪，因此俞敏洪认为他们是最合适的合伙人。

俞敏洪心想，有了这两位最好的合伙人，一定可以大干一场，实现自己的梦想。刚开始成立团队的时候，大家的想法都很简单，三个人齐心协力奋勇拼搏，赚了钱三个人平均分，大家一起发财。一年以后，俞敏洪发现有人干得多，有人干得少，这时候要怎样管理呢？俞敏洪认为有必要对合伙人和合伙人以外的员工的业绩进行考评，因此建立一个完善的考评体制势在必行。

新东方刚开始的合伙制，是包产到户。俞敏洪只是简单地把新东方分成了几个板块，比如口语由王强来做，出国咨询由徐小平来做，考试由自己来做，他们各拿各的钱，这种合伙制非常松散。

新东方在建立股份制结构的过程中，各种问题随之而来。除了王强和徐小平，还有很多重要的人也要分股份。最后他们划分了 11 位原始股东，但每个人应分多少股份，又成了一个令人头疼的问题。

其实在划分股份之前，新东方 100% 的股份都是俞敏洪的。分股份时，新东方的净资产有 1 亿人民币，全是由俞敏洪投入。如果要把股份分出去，那就应该给钱吧。比如你拿 10%，就要给我 1000 万元，这是再正常不过了，这是原始股价。

但是以徐小平、王强为首的这些小股东联合起来对俞敏洪说，股份我们是一定要的，但没有钱，如果你不划分股份给我们，我们就散伙吧。俞敏洪只能赠送股份，但把股份送出去之后，还存在矛盾：俞敏洪单枪匹马的时候，把自己应得的利润都用于新东方的发展了，其他人的利润则都放进了自己的腰包。实行合伙股份制之后，目标是要把新东方做大，做成上市公司，所以要把所有的利润都放在公司发展上。这样一来，原来一年可以拿到200万元的股东，现在只能拿50万元。股东们发现分红的钱变少了，产生了强烈的不满情绪。

最后，这些股东又觉得新东方的股份不值钱，而俞敏洪提出让他们把股份还给公司时，他们又不答应，对俞敏洪说："想要收回股份，那你出钱来买吧。"于是大家又开始讨论多少钱收，俞敏洪说按原来的净资产1亿元的价格回收，每1%的股份100万元，现金交易。为了这事，俞敏洪特地从朋友那里调来三四千万元。结果定完价，这些股东又不愿意转让股权了。

据俞敏洪后来形容，当时各方利益难以平稳，安抚了这个又得罪了那个，最后核心团队成员辞职的辞职、跳槽的跳槽、另起炉灶的另起炉灶，争权夺利到了白热化程度，连创始大佬间都变得气氛火爆。最终，大家分道扬镳。

◎ 【股权设计实操】

新东方"诸侯割据，另起锅灶"的问题表面看起来好像是合伙人利益分配不均的问题，但其实根本原因在于股东之间的权利没有明确。股权，不仅仅是身份的表现，还是财产的表现。具体来说，股权至少有以下十一种基本权利（见图1-7）。中小企业老板要明白，站在企业的角度，你给出去的其实是这些权利；而作为股权激励的对象，你也要明白，你得到的还有这些权利，而不仅仅是"分红"。

● 财产收益权

财产收益权又包括四种权利：股息红利分配请求权、剩余财产的分配行使权、股权转让权和质押权以及股权继承权。我们通过一个表格来具体了解一下（见表1-1）。

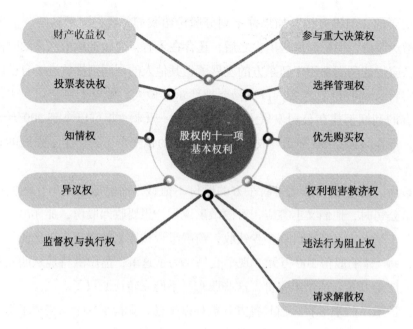

图 1-7 股权的十一项基本权利

表 1-1 财产收益权包括的四种权利

股息红利分配请求权	作为股东，可以定期获得企业股票分红。通常情况下，企业的董事会或者股东会结合当年的收益情况，刨去经营成本后，对股东进行分红。
剩余财产的分配行使权	当企业解散或者注销后，清算完所有的企业资本，还有剩余资本时，股东可以根据所占股份比例来分配剩余资产。
股权转让权和质押权	股权虽然有价值，但是如果不转让，股权就只是一个数字，没有物质价值。转让股权能够把手里的股份"套现"，变成钱。另外，股权也可以做抵押，为自己的债券做担保融资。
股权继承权	股权也是一种财产，是可以继承的。在大多数情况下，股权是禁售的，但是也有例外，比如继承或者司法处理。

♠ 参与重大决策权

作为企业的股东，享有管理企业，参与企业的重大决策的权利，这项权利又包括两种权利：章程制定修改权和出席股东会议（股东大会）的会议权（见表 1-2）。

表 1-2　参与重大决策权的两个方面

章程制定修改权	企业章程相当于企业的法律。除此之外，章程是根据企业的经营变化而变化的，因此，当章程需要修改时，企业股东享有章程的制定修改权。
出席股东会议（股东大会）的会议权	股东有权出席企业的股东大会，并且在会议上发表意见。并且企业有告知各位股东的义务，这在《公司法》中都有具体的要求。

♦ 投票表决权

投票表决权又包括两种权利：提议权和提案权。这两个概念有本质上的区别（见表 1-3）。

表 1-3　投票表决权包括提议权和提案权

提议权	企业股东根据所持股份享有表决权，股东每持一股就有一份表决权，如果一个股东所持的股份占公司总股份的 10% 以上，那么他就可以单独请求召开"临时股东会议"。 如果该股东所持股份没达到公司总股份的 10% 以上，他也可以联合其他股东一起请求，只要他们的股份合计达到公司总股份的 10% 以上，就可以提议召开"临时股东会议"。
提案权	同上理，当一个股东单独持有或几个股东共同持有公司股份 3% 以上时，可以在股东大会召开前 10 天提出"临时提案"，并且提交给董事会。提案权不能召开股东会议，但是可以确定在会议中讨论的提案。

♦ 选择管理权

《公司法》和企业章程都有规定，股东大会或者董事会要选出一人担任"董事监事"一职。要特别注意的是，由于股东有更换董事会的选举权，因此不是所有股东都能直接参与企业的管理。比方说，一家企业由两个朋友一起创办，每人占 50% 的股份，分别担任董事长和总经理，但是如果企业把股份分出去，那么报酬是由股东大会决定的，他们有更换董事监事或者报酬的权利。

♦ 知情权

大部分企业的财务账本起码有三套，这已经是公开的秘密了，内部一套真实的，银行一套，其他用途一套。但是，一旦你把股权分出去，等于说其他股东也有权利查看这几套账本，这就是"知情权"。

在有限公司，股东还享有查阅权。"查阅权"包括查阅或复制公司章程、股东会议记录、董事会会议记录、监事会议记录以及财务会计报告等等。不仅如此，股东还有权查阅公司的会计账簿，不过《公司法》规定，会计账簿只能查阅，不能复制。在有些案例中，还会要求账簿只能本人看，因为一般不懂会计的人也看不懂账簿。

● 优先购买

企业某一股东出让自己的股权时，假如有两人想购买，而其中一人为企业股东，那么这个人有权优先购买此股权。

● 异议权

新《公司法》还包括异议股东的回购请求权，也就是说，股东有权强行要求企业回购自己手中的股份，但是之前的《公司法》是不允许的。

在下面三种情况下，股东有权要求企业进行回购：

第一，在企业盈利的情况下，连续五年不向股东进行利润分红的。股东投资的主要目的还是为了挣钱，企业赚了钱又不给股东分钱，股东就有权要求企业把自己手中的股份再回购回去。

第二，企业需要合并分立，转让主要资产的。这种情况属于企业重大变化，假如股东会的三分之二以上都同意了这一举措，那么剩下的股东也没办法阻止，但是可以要求企业回购自己手中的股份。

第三，企业在将要解散的情况下，股东可以根据股份拿走剩余财产并退出，但如果其他股东要求继续这个企业，这个时候，想要退出的股东有权要求企业回购自己的股份。

在理论上，以上三种情况企业都要回购股东的股份，但是在目前的司法环境下比较难实施，因为市场没有对股价很好的指导。而作为实践来说，企业一般会对股份进行评估，然后以合理的价格回购。

● 权利损害救济权

股东大会的决议在某些情况下会存在违反公司章程，甚至违法的情况。假如召开股东大会的议程没有告知每一个股东，也没有确定会议内容，或者在召开股东大会时临时决定一个重大事项，之前完全没有准备，那么此时，股东有权撤销这项提议，或者要求无效。

股东发起诉讼有两种形式：代表诉讼和直接诉讼（见表1-4）。

表1-4　股东发起诉讼的两种形式

代表诉讼	一位股东或者几位股东的股权比例加起来超过1%以上，就有权进行代表诉讼，此权利有效期连续180天。
直接诉讼	这一诉讼对股东持股比例没有要求，旨在维护股东的利益，而不是公司的利益。言下之意就是，公司非要一意孤行，我也没办法，你把钱还我，从此我们大路朝天各走一边。

♦ 监督权与执行权

假如企业的性质是股份有限公司，那么股东有权对企业章程、股东名册、企业债券存根、股东大会会议记录、董事会会议记录、监事会议记录、财务会计报表等进行监督查阅，并且还有权对企业经营提出建议和咨询。

♦ 违法行为阻止权

如果某项股东会议的决策存在违法的嫌疑，那么股东有权要求撤销这项决策或者提议无效，这就是阻止权。

♦ 请求解散权

这项权利可以说是股东权利的"王牌"。企业经营遇到困难，管理出现巨大漏洞，让股东利益受到巨大损失，并且通过各种途径都没办法解决问题的，此时，有10%以上表决权的股东，可以立即要求对企业进行解散，并分配资产。

中小企业老板
如何牢牢掌握企业控制权？

一说到股权设计，中小企业的老板，大多希望"我是老板我说了算"，这就是企业的控制权。身为老板，自己熬过创业的艰辛，慢慢把企业做到一定规模，谁也不想到"吃肉"的时候，被踢出局。所以，中小企业老板一定要牢牢掌握企业的控制权，失去控制权，就犹如汽车失去司机，往哪走、怎么走都不是你说了算。

2.1　三个层面的控制权，你该如何把握？

◎ 【股权设计看点】

作为中小企业老板，经过前三节的学习后，相信你对股权的本质、股权的内容和股权的权利已经有了基本的了解。接下来，如何通过股权实现对企业的控制权，保证企业能够按照你的既定战略长远发展，这又是一个让人头疼的问题。

美国著名律师约瑟夫·弗洛姆曾说："如果有一项权利企业家非争不可的话，我想只能是控制权了。"为什么控制权的诱惑力这么大？控制权是老板掌握企业的根本权利，它可以决定企业前进的方向。在股权设计中，如何才能牢牢掌握企业的控制权，一直是中小企业老板最感兴趣和头疼的问题。

接下来，我们来对两组企业进行比较，让大家直观地感受一下掌握企业控制权和不掌握企业控制权的差别（见图2-1）。

其实，图2-1中涉及的企业都是很优秀的企业，但是创始人在企业的境遇却有着天壤之别。造成这种情况的因素有很多，从股权方面来说，他们对企业控制权的掌握是不一样的。阿里巴巴和京东的创始人在企业发展的各个阶段都牢牢把握住了控制权；俏江南和1号店的创始人由于种种原因失去了对企业的掌控。

在我们国家，有关企业控制权的成功案例很多，可是失败的前车之鉴也不少。

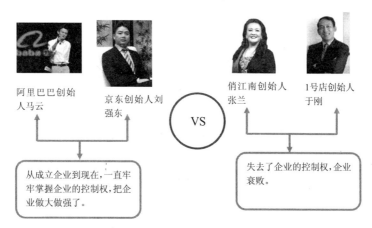

图 2-1   掌握企业控制权和不掌握企业控制权的差别

◎ 【股权设计案例】

股权案例 1: 马云是如何与资本、股东、董事会博弈,牢牢掌握企业控制权的?

阿里巴巴 17 年的历史可以说是马云的个人奋斗史。人们对"草根"英语老师逆袭成为商场大鳄的励志故事津津乐道,却看不到马云为了掌握阿里巴巴的控制权,是如何与资本、股东、董事会博弈的。

比如,阿里巴巴集团在整体上市的过程中遇到了不少坎坷。作为全球最大的电商交易平台,想要上市还不是一件轻而易举的事?可是,阿里巴巴却吃了两次香港证券交易所的闭门羹,这又是为什么呢?

因为香港证券交易所的《上市规则》中有这样一条规定——同股同权。意思就是说想要在港交所上市的公司股东,手持同样类型的股份,就要享有同样的权利,同股不同权的企业是没有在港交所上市的资格的。然而,马云作为阿里巴巴的创始人和股东,恰恰就是通过"合伙人制度"来维持自己对阿里巴巴的控制权的,也就是说,在阿里巴巴集团内,股东享有的权利是不一样的,因此,阿里巴巴只能和港交所挥手告别。

2014 年 5 月 6 日,阿里巴巴向纽约证券交易所递交招股说明书,在这份说明书中马云专门对其"合伙人制度"进行了阐述。根据招股说明书内容显示,阿里巴巴"合伙人制度"于 2010 年正式确立。马云和蔡崇信为永久合伙人，其他的合伙人在离开阿里巴巴公司或者关联企业时，其合伙人资格也将取消。每年，合伙人可以提名选举新的合伙人候选人，新合伙人需要满足以下条件：

第一，在阿里巴巴或关联公司工作 5 年以上；

第二，对企业的发展有突出贡献；

第三，对企业的文化高度认同，愿意为企业前途、愿景和价值观鞠躬尽瘁；

……

在担任合伙人期间，每位合伙人都必须持有一定比例的企业股份。截止招股书递交时，阿里巴巴的合伙人共有 28 名，其中阿里巴巴集团的管理人员有 22 名，关联公司、分支机构的管理人员 6 名。阿里巴巴的合伙人特别享有的权利包括董事提名权和奖金分配权。

其中，最关键也是最精彩的部分就是董事提名权，这也是阿里巴巴"合伙人制度"饱受争议的部分。招股书中特别提到："依据公司章程，阿里巴巴集团上市后，阿里巴巴合伙人有权提名阿里巴巴过半数董事，提名董事需经股东会投票过半数支持方可生效。"

这是什么意思呢？就是说，根据企业章程规定，阿里巴巴的合伙人有权利提名过半数的董事，企业上市以后，阿里巴巴集团的董事会成员增加至 9 名，也就是至少有 5 名董事代表着阿里巴巴集团的利益，进而控制集团董事会，掌握控制权（见图 2-2）。

简单来说就是，对阿里巴巴进行投资的资本方，都在董事会中有一席之地，而这些资本方和阿里巴巴本身不是一伙儿的，日后可能有"谋权篡位"的情况出现。可是如今阿里巴巴集团在整个董事会中占据半数以上席位，在很大程度上，保证了江山的稳定。

虽然表面上看起来，阿里巴巴"合伙人制度"和"同股不同权"的股权结构有区别，但二者有异曲同工之妙。只不过前者是直接通过企业章程规定董事会的席位，来维护管理层对企业的控制权；后者是通过把股权集中在少数核心人员身上，来保证管理层对企业的控制权。而港交所的规定很简单，就是谁持有企业股权过半数或者最多，谁就有企业的控制权。

图 2-2　马云掌握阿里巴巴控制权

很显然，不管是直接规定董事会席位的大多数，还是双重股权结构，阿里巴巴的制度都与联交所的规则相违背。正是由于阿里巴巴"合伙人制度"违背了香港证监会"同股同权"的原则，并且香港特区政府和港交所都已经表明不会为其开绿灯，而马云和他的管理团队又坚持"合伙人制度"，阿里巴巴才不得不放弃港交所，退而求其次在美国纽交所上市。

股权案例2：为了融资，出让 80% 股权，失去企业控制权

2010 年 5 月，于刚在金融危机之后的资金困境中，从平安获得 8000 万融资，让出了 1 号店 80% 的股权，于刚的大权就此旁落。然而，平安整合一号店的过程也不顺利，于是逐渐把 1 号店的控股权转让给了沃尔玛。

在传出多次于刚离职的传闻后，1 号店在 2010 年 7 月 14 日晚间正式确认创始人于刚和刘俊岭离职。随后，于刚和刘俊岭通过内部邮件，向 1 号店员工

宣布，决定离开 1 号店去追求新的人生。

◎ **【股权设计实操】**

阿里巴巴的马云、京东的刘强东以及百度的李彦宏，从企业创立开始，就是企业的核心人物，牢牢把企业的控制权攥在手里，带领企业发展。就像案例中所说，马云为了维护自己对企业的控制权，不惜放弃在香港上市的机会，转而投向监管更为苛刻的美国资本市场。而 1 号店的创始人于刚由于失去了企业控制权，如今既不是企业股东，也不属于企业管理层，1 号店已经跟他完全没关系了。

在这里，我想引用天使投资人徐小平先生的一句话："如果创业者一开始就把主权让出去，给出去 60% 的股份，再伟大的企业也做不下去；我（创业者）只要把事情做起来，股份多少不重要，这是错误的，凡是不以股份为目的的创业都是要流氓。"

从以上案例中也可以看出来，在"互联网 +"的大环境下，创始人如何对自己的控制权进行维护和加固是个非常重要的问题。中小企业老板想要保护好自己对企业的控制权，首先要了解企业控制权的概念，企业的控制权主要包括以下三个层面（见图 2-3）。

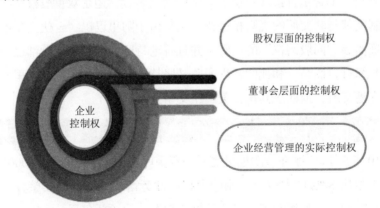

图 2-3　企业控制权的三个层面

下面，我们将从这三个层面来告诉大家如何牢牢掌握企业的控制权。

● 股权层面的控制权

股权是对企业终极控制的权利,企业各种重要的项目和决策都是由股东或者股东大会决定的,比方说企业章程的修改、董事任命以及融资等等。

☆ 股权层面的控制权

股权层面的控制分为两种情况——绝对控股和相对控股。

在绝对控股的情况下,中小企业老板的股份要达到67%以上,也就是达到三分之二,企业的决策权才基本掌握在手中,此时企业上下就老板一个人说了算。在绝对控股的情况下,中小企业老板至少要持有企业51%以上的股份。

而相对控股往往需要中小企业老板和其他股东相比,是企业股权最多的股东,相对而言掌握控制权。

此条的法律依据在于:根据中国公司法和公司章程,企业的最高决策机构是股东(会),股东会的普通表决事项,多为二分之一以上多数表决权通过,而少数重大事项(如公司章程修改)还需要三分之二以上表决权通过。掌握了控股权,就能够控制股东(会)决策,进而控制企业。

在这里,我们要提醒中小企业老板的是:在企业创立初期,最好避开容易导致僵局的股权比例设置,比如50:50、65:35、40:40:20甚至50:40:10这样的股权比例。50:50和65:35这样的股权比例设计,在企业创业阶段或许不会出现什么大问题,但随着企业的发展很容易出现“有难同当,有福不能同享”的局面,利益冲突日渐尖锐,小股东也许会行使自己的投票权否决企业的重大决策,阻碍企业的发展。而40:40:20这样的股权比例,会造成两个大股东拉拢各个小股东,打破企业现有格局的情形;50:40:10这样的股权比例存在小股东联合的危险。

☆ 投票权与股权的分离

中小企业老板需要了解股权层面的控制权,即股权和投票权是可以分开的。在现实情况中,随着企业的不断发展壮大,会不断有新的资本加入,老板的股权会被不断稀释,很难保证绝对控股权始终掌握在自己手里。为了维护自己对企业的控制权,企业可以把部分股东股权中的投票权分离出来,交给创始股东行使。

从股东手里分离出投票权，主要有以下四种表现形式（见图2-4）。

图 2-4　从股东手里分离出投票权的四种表现形式

中小企业老板在进行投票权分离的时候，还要注意以下两点：

第一，把握好融资节奏。中小企业需要把握好企业融资的节奏。这是为什么呢？因为在企业发展早期，企业融资的估值和股价都很低，随着企业不断发展，市值和股价也在水涨船高，融资对创始人手里的股权稀释会有递减的效果。但是，资本对企业扩张的意义不言而喻，融资市场风云变幻，中小企业需要对当前形势作出准确的分析，什么阶段需要多少融资，才能保证公司资金链不断裂，同时兼顾公司估值的合理平衡。

第二，争取尽可能多的投票权。正如前文所说，投票权和股份份额并非一一对应不能分开，中小企业老板可以通过以上四种方式争取其他股东的投票权。在对创始人完全信任的基础上，其他股东可能会同意这样的安排，从而维持老板对企业的控制权。

比方说，创始人股东通过其控制的持股平台实体间接持股，可以达到以小博大的控制效果，下图就是一个典型的创始人通过员工持股实体控制股权的情形（见图2-5）。

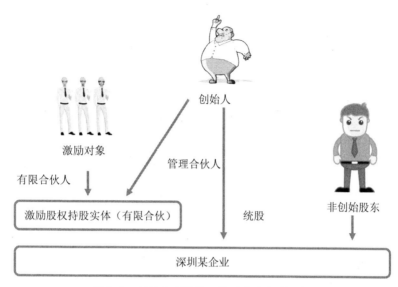

激励对象

有限合伙人

创始人

管理合伙人

激励股权持股实体（有限合伙）

统股

非创始股东

深圳某企业

图 2-5　创始人通过员工持股实体控制股权

♦ 董事会层面的控制权

相信对境内外上市企业治理熟悉的老板都知道，董事会与股东会是相对独立的，股东往往没有干预董事会行使日常经营决策的权力。因此，企业的控股权和企业的控制权并没有什么联系，特别是对那些股权相对分散的中小企业来说，企业的控制权通常掌握在企业董事会手里，股东往往就是董事，所以很少会出现冲突。但是随着企业不断融资，投资人会要求向企业委派董事，那么此时，董事会的结构就会发生变化，就需要创始人注意控制企业的董事会、法定代表人等，以掌握企业的实际控制权。关于如何设立一个"受控制"的董事会，我们将在下面的章节里详细讲述，这里就不再赘述。

♦ 企业经营管理的实际控制权

对于企业经营管理的实际控制权，按照我国的特色来说，就是企业的"公章"。在中国的企业里，所有盖过公章的文件都是企业意志的体现，具有法律效力，能够直接对企业起到约束作用。

对于中小企业来说，企业董事长、总经理和法定代表人常常是同一个人，一般不会出现大权旁落或者移交公章的情况。但是，当企业有多位权限相当的联合创始人时，就要注意公章、企业营业执照以及银行账户等企业印鉴的管理问题，预防联合创始人出现冲突时盗用公章。

当然，除了要注意上述问题，中小企业老板也要注意对产品和核心人员的管控，"泡面吧"的惨痛教训就给我们上了一课。根据报道，"泡面吧"在初创期就有高达数亿元的估值，可是就在签下 A 轮投资意向书的前夕，几位创始人因为没有理清股权分配方案，导致反目成仇分道扬镳。一位创始人把代码和项目全部删除，封锁全体员工的邮箱，一个前途光明的项目迅速化为灰烬。

以上便是中小企业老板，也就是创始人掌握企业控制权的三个层面的技巧。根据上述内容，我们整理出"中小企业创始人从三个层面掌握控制权的图表"供大家参考借鉴（见表2-1）。

表 2-1　中小企业创始人掌握企业控制权的技巧

	控制要素	注意要点		主要案例
		争取的目标	要避免的情形	
股权层面的控制权	绝对和相对控股及否决权	争取创始股东的绝对（66.7%，51%）或相对控股（第一大股东）	避免导致僵局的股权比例，如：50：50、65：35、40：40：20甚至50：40：10	1号店 真功夫 海底捞 富士照明
	投票权与股权的分离	争取通过投票权委托、一致行动协议、有限合伙持股等方式掌握投票权	避免过快的融资节奏过度稀释创始人的投票权、进而失去对公司的控制	京东 腾讯 阿里巴巴
董事会层面的控制权	董事会	争取创始股东对董事人数的绝对或相对控制	避免非创始股东对董事会的控制	京东 阿里巴巴
企业经营管理的实际控制权	公司实际控制	争取由首席创始合伙人兼任公司董事长、总经理和法定代表人	避免非创始股东控制法人、公章、营业执照及账户等公司印鉴	双威教育 泡面吧

2.2　捍卫企业控制权，你不得不知的七条股权生死线

◎ 【股权设计看点】

在本节的开头，我们来试想一下：如果是一个国家，我们拥有多少臣民和国土，才能称得上是国王；如果是一把宝剑，我们手握多长，才能算拥有这把宝剑……

那么，作为一家企业的创始人，你拥有多少比例的股权，才意味着你拥有企业的控制权？

创业艰难，每一个中小企业的老板都在尽自己最大的努力做大做强企业，但不得不承认的是，随着企业的发展，老板的股权在进行融资、股权激励的过程中，不断被稀释，股份比例不断减少。当股份减少到一定程度时，根据"同股同权"原则，老板的控制权就受到了威胁。

我们来回顾一下 2016 年万科的股权大战，看看因股权被稀释而丢失企业控制权的创始人怎么样了。

◎ 【股权设计案例】

股权案例：王石不重视企业控制权，"后路"难测

2015 年 12 月，宝能系和万科王石的股权之争达到了白热化的程度。根据万科发布的第一大股东变更公告：钜盛华通过竞价交易前后多次购买万科 A 股股票 5.49 亿股，占万科总股本的 4.97%。至此，钜盛华及一致行动人前海人寿一共持有万科 A 股股票 22.11 亿股，占万科总股本的 20.008%，正式成为万科第一大股东。

自从宝能系成为万科第一大股东后，王石深刻地感受到自己对企业的控制权受到威胁，于是各种不爽，甚至出言不逊地说："万科不欢迎宝能，你们不配。"万科在上市之前，王石拥有万科 40% 的股权。1989 年，为了让万科成功上市，王石放弃了万科的原始股份，从而也放弃了万科的控制权，成为一个职业经理人。

2016 年 6 月，王石与宝能系的矛盾激化。万科最大股东宝能系提议罢免王石。宝能系持股 24%，第二大股东华润持股 15%，双方合计持股近 40%，一旦联合起来，罢免王石将变得很容易（见图 2-6）。

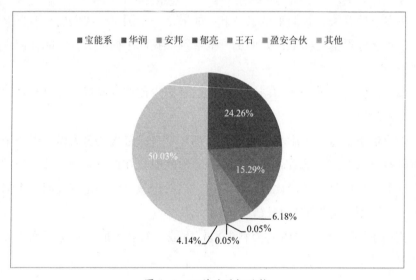

图 2-6　万科的股权结构

万科的股权结构有三大特征：

一是股权分散；

二是外部机构是万科的最大股东；

三是经营团队（盈安合伙）是小股东，王石与郁亮持有万科的股份微乎其微。

对于万科的股权之争，可以毫不夸张地说，是因为王石不重视企业控制权导致的局面。

股权分散是企业走向职业化、专业化、成熟的表现，这本身并不是坏事，但是分散的股权很容易造成企业创始人失去对企业的控制权，这就需要创始人抓住股权的生命线，从而捍卫企业的控制权。要不然，你的企业也许就不是你的了。

◎ 【股权设计实操】

通过万科的案例，我们得到的最大启发就是：作为企业的创始人，我们一定要由始至终捍卫企业的控制权，不管是在股权激励时还是在引进融资时，都要重视以下七条股权生死线（见图 2-7）。

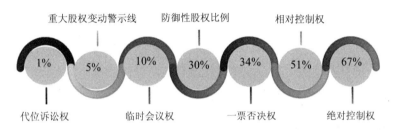

图 2-7 不得不知的七条股权生死线

♦ 1%：代位诉讼权

拥有 1% 的股份，其核心权利是：代位诉讼权。通俗地说，就是代替企业向侵犯企业权利的董事、高级管理人员或者第三方提起诉讼。

在股份有限公司中，连续三个月以上单独或者合计持有 1% 以上股份的股东，具有代位诉讼权。需要注意的是，对于股份有限公司的股东和有限责任公司的股东，其享有代位诉讼权的条件有所不同。在有限责任公司中，所有股东均有权代替企业向侵犯企业权利的董事、高级管理人员或者第三方提起诉讼，即使该股东的股权比例小于 1%。不过，《公司法》并没有剥夺股权比例小于 1% 的小股东对股份有限公司高层的监督权，这些股东也可以通过其他有资格的股东或者通过代表诉讼的方式实现自己的意愿。

♦ 5%：重大股权变动警示线

拥有 5% 的股份，其核心权利是：当股份多于或少于 5% 时，应该披露权益变动书。这也就是说，低于 5% 的持股比例的股东不受此约束，不需要做减持披露。

♦ 10%：临时会议权

拥有 10% 的股份，其核心权利是：请求法院解散企业和召开临时股东会的权利。

临时股东会和临时董事会的重要性，在于经由会议这种形式，参与人可以依法通报信息、平等对话、实时较量、对新提案表决，从而可能从根本上改变企业现有的人事格局和其他重大事项的布局，从而使企业发生根本改变。

♦ 30%：防御性股权比例

拥有 30% 的股份，其核心权利是：阻止其他股东持股比例超过 2/3 形成绝对控股，即针对他人取得企业绝对控股权的防御性股权比例。持股比例等于或超过 1/3 的股东还有可能获得 1/3 董事会席位。

♦ 34%：一票否决权

拥有 34% 的股份，其核心权利是：具有否决性控股权，也就是一票否决权。中小企业老板需要注意的是：这里的一票否决权仅针对关乎企业合并分立等重大决策，对于其他半数通过即可的事宜，则无法否决。

♦ 51%：相对控制权

拥有 51% 的股份，其核心权利是：股份有限公司股东大会作出普通决议，必须经出席会议的股东所持表决权过半数通过；有限责任公司股东向股东以外的人转让股权，应当经其他股东过半数同意。

这也就是说，当创始人持有 51% 的股份时，就拥有了企业的相对控制权。创始人可以决定一些简单事项，比如聘请独立董事、解聘总经理、选举董事等。如果企业要上市，持有 51% 的股权比例，经过 2~3 次稀释后，还是拥有企业的控制权。

♦ 67%：绝对控制权

拥有 67% 的股份，其核心权利是：修改公司章程，增加或者减少注册资本，公司合并、分立、解散或者变更公司形式。

这也就是说，当创始人持有 67% 的股份时，就拥有了企业的绝对控制权，相当于 100% 的话语权，可以主导修改企业章程，合并、变更经营项目等重大决策。

2.3　如何既做"甩手掌柜"又掌握企业控制权？

◎ 【股权设计看点】

经过长时间在商场的浴血奋战，你是否也想卸下身上的千斤重担当一个"甩手掌柜"？对于许多中小企业老板来说，这也许是一个遥不可及的梦。为什么这么说呢？你认为"甩手掌柜"只是把手里的权力交出去就可以了吗？No！一个合格的"甩手掌柜"，即使企业没有自己的带领，依然可以稳步前进，让那些和自己并肩奋战的队友们持续获利，同时，又能拥有企业控制权，这才是重点。看到这么多条件，你是不是已经开始为难了呢？

老板想当"甩手掌柜"，又想掌握企业控制权，往往需要实现五个条件（见图2-8）。

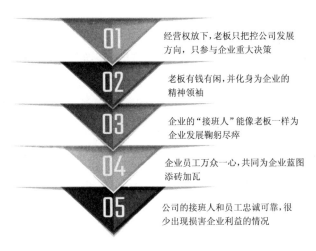

01　经营权放下，老板只把控公司发展方向，只参与企业重大决策

02　老板有钱有闲，并化身为企业的精神领袖

03　企业的"接班人"能像老板一样为企业发展鞠躬尽瘁

04　企业员工万众一心，共同为企业蓝图添砖加瓦

05　公司的接班人和员工忠诚可靠，很少出现损害企业利益的情况

图 2-8　"甩手掌柜"的实现条件

因此，从老板的真实需求出发，企业权力结构安排的问题才是我们要解决的，而这一问题的核心就在于设计好企业的股权分配制度。

一家企业的控制权是由股权体现出来的，股权是核心载体。对于一家管理结构完善的企业来说，谁拥有的股权多，谁就掌握着企业的控制权。当然，也有例外，有不少企业的老板，在企业创立初期，通过对企业权力结构的合理安排，即使手中的股份不多，在这家企业的话语权也是举足轻重的，把控制权牢牢握在手里。"京东商城"的大当家刘强东就是这样一个"四两拨千斤"的例子。

◎ 【股权设计案例】

股权案例："霸道总裁"刘强东的硬气秘诀

刘强东因为果断硬气的处事风格被外界称为"霸道总裁"，这位霸道总裁带领京东上下披荆斩棘，即使逐年亏损，也毫不犹豫地破风前行。2014年5月22日，京东正式在美国纳斯达克上市，在这一阶段"功德圆满"，在电商领域成为阿里巴巴最强有力的对手。

刘强东面对外界对自己控制权的质疑，明确回应道："京东在业务增长的快车道上，创业公司希望把精力全部放在业务如何增长、用户体验如何改善等问题上，这时对创始人来说，掌握公司的绝对控制权是有益的。我们可以看一些职业经理人管理的公司，他把很多精力耗费在了和股东的沟通、博弈上，京东的业务发展还有很大的压力，我们更愿意把精力放在业务上。"

实际上，在京东上市之前，投资人的投票权就已经掌握在刘强东手里。京东的招股书显示，在京东上市之前，有11家投资者把手中的投票权转让给了刘强东。最终，刘强东虽然只有京东18.8%的股份，可是手里却掌握着京东51.2%的投票权。在京东上市后，刘强东通过AB股设置，让手中的投票权升至87%，掌握着京东的绝对控制权。

◎ 【股权设计实操】

老板既要做"甩手掌柜"，又要掌握企业控制权，就必须设计相应的控制权结构，确保企业可控，能够实现自己既定的目标。回到以上问题的核心点，我们需要从以下几个方面入手：

⬥ 公司治理结构设计

在解决这个问题之前，我们先要弄清楚什么样的企业才是治理结构完善的企业。我们还是用"国家"的概念来阐述这个问题吧。

如果把企业比喻成一个"国家"，那么公司的股东大会就像是"人民代表大会"，掌握着企业至高无上的权力；董事会就像是常委会，代表着股东的利益；监事会就像是纪检委，监督企业的发展；而各个管理层就像是国家下属各个职能机构，在国家的发展中，担任不同的角色，负责不同的领域。

在中国，现代企业治理结构的核心是一整套权力安排体系，而这个体系的核心就是企业的股东大会、董事会和监事会（见图 2-9）。

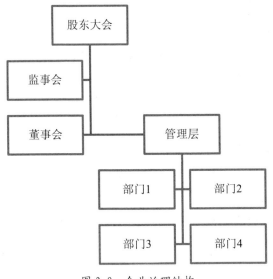

图 2-9　企业治理结构

然而，大多数中小企业，由于企业规模的限制，并没有构建"三会一层"——股东大会、董事会、监事会和管理层的管理结构。一般情况下，企业老板身兼多职，既是董事长，又是总经理，还是企业股东。在这样的情况下，企业的发展是有限的，老板应该适当把自己的权力下放，设计一套科学的治理结构，引入人才，把总经理的职位让出来。

在企业发展初期，或者企业规模较小时，没有董事会，我们可以设置一个董事的职位，专门负责重大事件的决策；没有监事会，可以推选一位可靠的人负责监督工作，定期对企业的发展进行审查，并向股东汇报。

除此之外，企业还可以定期开股东大会，就企业经营状况和股东进行讨论，提名优秀管理人员加入董事会，逐步完善企业的董事会制度。

完善公司治理结构的意义，在于更好的保障企业股东的利益，让制度管权力，把权力交到更优秀的管理人手中。当然，也不排除有些中小企业的管理者不想交出管理权，这就另当别论了。

♦ 股权激励

老板想做"甩手掌柜"，也离不开科学有效的"股权激励"，提拔一部分优秀的核心管理人才成为公司的股东，让他们参与到企业的经营中来。

俗话说，一口吃不成个胖子，股权激励是一个循序渐进的过程。有的企业老板没有经过任何考核，就把手里的实股授予激励对象，结果出现激励对象只享受权利，不履行义务，导致老板的股份被稀释，自己在企业的地位也岌岌可危。这缘于企业老板急功近利，没有把握好股权激励的节奏，这样的案例屡见不鲜。

因此，股权激励的正确节奏应该是，老板先拉拢一小批人，把他们拉到自己的船上，逐步建立利益共同体，然后再通过这群人，影响另一群人，逐步把影响扩大到全体员工。

企业在实施股权激励时，可以先授予虚拟股，先把股份的收益权发放给激励对象，让他们先享受一部分利益，然后放出股份的经营权，等激励对象通过一系列考核后，再放出股份的所有权（见图2-10）。

通过逐步释放企业股权，可以在潜移默化中培养一批极具责任心和主人翁意识的核心管理人才，让他们拥有老板意识，对企业的经营管理出力，进而实现企业老板的权力下放。

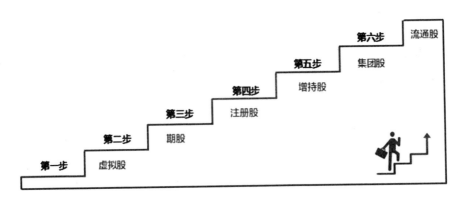

图 2-10　逐步释放股权,激励核心团队

♦ 控制权安排

随着企业的发展,股权激励政策的施行和资本的加入会将老板的股份逐步稀释,这会使老板的持股比例越来越小。在这种情况下,老板要如何把企业控制权牢牢掌握在手里,避免大权旁落呢?这需要老板提前做好控制权安排。

通过放缓股权释放的节奏,能在一定程度上避免企业老板控制权的过早丧失,但这解决不了根本问题。通过对众多企业的实践案例分析,我们可以从以下几个方面做好布局,维护好自己手中的企业控制权(见图 2-11)。

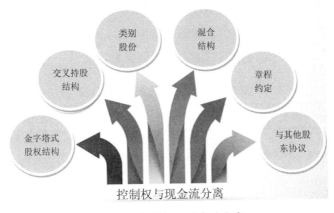

图 2-11　控制权与现金流分离

老板想要在自己的股权被稀释后依然掌握对企业的控制权，关键就在于要把股份的控制权和现金流权分开。在这种思想的基础上，我们可以通过设计股权结构，来达到巩固控制权，合理释放管理权，放心做"甩手掌柜"的目的。

2.4 如何设立一个"受控制"的董事会?

◎ 【股权设计看点】

关于董事会，有一个现实：有一个好董事会的企业不一定是好企业，但有一个糟糕的董事会却一定能毁掉企业。中小企业的老板在创立企业、融资时，对董事会的条款不怎么重视，认为董事会不过是做做样子，听 CEO 做做报告。也有中小企业的老板认为，董事会里只要纳入了某个名人做独立董事就能提升企业的水平，就相当于建立了现代企业制度。所以，不少中小企业把引进投资人或吸引名人进董事会，当做建立、规范企业制度的基础。

事实上，组建一个良好的董事会是股权设计的重要组成部分。如果在董事会这件事上失误，会影响整个企业的生命周期。下面，我们将"不受控制的董事会的危害"做了一个详细的列表，希望创业者仔细看一下（见表 2-2）。

表 2-2　不受控制的董事会的危害

董事会可能做出的损害企业的行为	他们的权力来源
开除创始人管理团队，将还没有兑现的股票作废	公司章程规定 CEO\CFO\COO 等高级管理人员是由董事会负责聘任的，已经离开公司股票还没有兑现的就作废
拒绝其他投资人的投资意向，直到公司现金短缺。然后，强迫创始人以低估值从目前投资人那里募集下一轮融资，从而实现对企业的控制。	公司章程规定，发行新股、引入投资人，需要由董事会批准
将企业廉价卖给目前企业投资人投资过的其他公司	出售公司需要董事会批准

在企业发展初期,多数创业者是老板,董事会由自己人构成,基本由老板说了算。但融资成功后,新组建的董事会就是企业的"导师",不管是从中国的公司法还是从国外的公司法来看,董事会都是企业的最高权力机构,股东对企业的管理权是通过董事会的选举和指派行使的。所以,企业在董事会席位和设置上应该慎重考虑。

大部分情况下,企业初创时,老板就是核心股东,拥有企业超过50%的股权,这样老板在股东大会上有着决定性的表决权。但随着企业一轮轮的融资,老板的股份逐渐被稀释,所持有的股权往往会被稀释到50%以下甚至更低。这时,老板如何在董事会掌握控制权呢?京东商城创始人刘强东的做法,给我们提供了一个很好的借鉴。

◎ 【股权设计案例】

合伙案例:"强势"的刘强东紧紧地掌握着京东的控制权

从2007年至今,京东一共进行了9次融资,融资额达18.77亿美元。虽然京东越做越强,越做越大,但刘强东也付出了代价:随着融资的增多,京东的股权结构分散,刘强东的股权比例被大幅稀释,但即使如此,至今为止,刘强东仍然紧紧地掌握着京东的控制权。

刘强东的智慧在于与各轮投资人签署协议时,既能掌握京东的绝对控制权,又能获得大额融资买地建仓储物流,继续做大做强京东。京东上市前股票分为A类股和B类股,刘强东掌控的两家公司Max Samrt Limited和Fortune Rising Holdings Limited直接持有B类股,其1股拥有20票的投票权。包括老虎基金、高领资本、DST基金、今日资本、沙特王国投资、红杉在内的其他股东均持有的是京东A类普通股,其1股仅拥有1票的投票权。这样一来,经过测算,刘强东仍然拥有高达86.13%的投票权。

刘强东的这一做法就是所谓的"多倍表决权",这种方法通过增加创始人所持股份表决权的数量来达到控制企业的目的。具体的操作方法为:其他股东的股份为"一股一票",创始人的股份为"一股数票"。

◎ 【股权设计实操】

对于中小企业老板来说，自己千辛万苦创立企业，怎么能被别人"顺手牵羊"呢？为了避免这种情况发生，中小企业在设立"董事会"时，需要注意以下几个问题（见图2-12）。

注意融资的节奏和尺度，不要急速冒进，让股份被过度稀释；

可以考虑多派一个创业合伙人进入董事会；

创业团队最好把股份集中到一个核心创始人那里，让他有足够的投票权。

图 2-12　中小企业设立董事会需注意问题

通常来说，一般的董事会由3或5个人构成（见图2-13）。

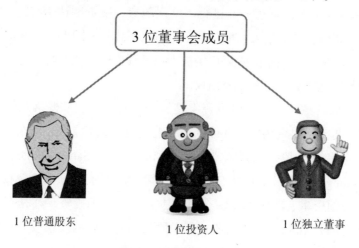

3位董事会成员

1位普通股东　　　　1位投资人　　　　1位独立董事

图 2-13　董事会的席位

通常情况下，投资人本人不会亲自出任董事，而是推荐其他人担任独立董事，这个人大多是投资人的朋友。所以，这个人不管在什么情况下，首先会维护投资人的利益。中小企业在设置董事会时，需要明确两个要点：

一是董事会的组成根据企业股权比例来决定；

二是投资人的利益由协议中的"保护性条款"来保障，而董事会保障的则是企业全体股东的利益，即优先股权股东和普通股股东。

根据《公司法》规定，有限责任公司至少要有 3 名董事，而股份制公司则需要 5 名董事，但这并不是世界范围内通行的版本。在开曼群岛以及美国的许多州，其法律允许公司只设 1 名董事。通常来说，董事会席位会设置为单数，但并没有法律规定不允许为双数。

董事会代表企业所有者，董事会的设立也应该反映出企业的股权比例关系。董事会所有的董事都服务于企业的利益，而不仅仅服务于自己的利益。

中小企业在进行 A 轮融资后，为了董事会的效率以及后续董事会的扩容考虑，董事会的人数应设定 3~5 人。如果 A 轮融资中有两位投资人，而企业老板的股份为 60%，董事会的席位设置应该是：3 个普通股股东 +2 个投资人 =5 个董事会成员。

中小企业之所以要关注董事会的设立，并不是说要依靠董事会创造出一个多么伟大的企业，而是要避免糟糕的董事会导致企业创始人失去对企业的控制权。一个好的董事会应该保持投资人、企业、创始团队、独立董事之间的平衡，为企业的做大做强提供保障。

2.5　股份稀释，你如何执掌企业"牛耳"？

◎ 【股权设计看点】

企业想要发展，就一定会做股权激励、引入资本、进行融资重组等等，在这个过程中，企业创始人难免会面临股权被稀释的问题。对创始人来说，如何在自己的股权被稀释的情形下，还掌握公司的控制权呢？

在企业创立初期，企业所有的股份都在创始人手中，这意味着创始人拥有企业的绝对控制权。企业要发展，要引入资本，经过几轮融资和股权激励后，创始人的股权被不断稀释，这也意味着创始人手中的控制权和现金流权也被稀释了。

什么是现金流权？就是股东按照持股比例享有的分红权，一般来说，股份越多，现金流权就越大。比方说你持有该公司 40% 的股份，那么年底分红时，你就可以获得分红总额 40% 的利益。

那么，控制权又是什么意思呢？控制权是相对于所有权而言的，控制权是指你有权支配某项资源，但是这个资源不一定归你所有。比方说，某企业老板通过股权激励让一名高管拥有 5% 的股权，但是通过某种方案设计，这位高管实际上只有 3% 的控制权，这就实现了控制权的剥夺。

控制权和现金流权的分离，为企业实际掌权人牢牢掌控企业提供了良好的机会，但这同时也是企业大股东"吸食"小股东的机会。比方说某企业老板手中只有 30% 的股份，却有 53% 的公司控制权，那么他在股东大会上，就能呼风唤雨。

设计控制权是为了保证企业的各项措施和政策能够更好的落实，提高工作效率，更好的发挥企业领导者的潜力，提升公司价值，回馈各位股东。

◎ 【股权设计案例】

合伙案例：李彦宏——百度的控制权必须掌握在创始人手上

李彦宏在南京大学的演讲中曾说："在创办百度以及后来上市的一路上，有一点一直很明确，那就是百度的控制权必须掌握在创始人手上。只有掌握了公司的命运才能实现为网民创造价值的梦想。"在李彦宏的潜意识里，百度的控制权必须掌握在自己手上。

在创办百度之前，李彦宏在美国搜索行业翘楚"Infoseek"工作，就在那段时间，他把搜索技术做到了世界领先水平，但是 Infoseek 后来经历了几次战略失误，没能逃脱被收购的命运。这段经历给李彦宏留下了深刻的印象，多年后，他回忆起这段经历时说道："这段经历告诉我，就算个人做到再好，如果不能有自己的平台就不能掌握自己的命运，尤其是对于技术起家的互联网公司。"

在李彦宏眼里，百度发展最关键的时刻，非上市路演时期莫属。在那段时间，李彦宏白天要到处宣传，晚上还要苦口婆心的劝说企业董事不要简单就把公司卖掉。最后，功夫不负有心人，李彦宏成功说服董事会在 IPO 时确立了"牛卡"原则。这一原则规定，百度欢迎美国投资者对百度进行投资获利，但是，每股公开交易的股票的投票权只有原始股票投票权的十分之一，意思就是原始股每一股有 1% 的投票权，但是对于投资者购买的股票每十股才有 1% 的投票权，通过这一决策，李彦宏牢牢掌握了百度的控制权。

实际上，因为过度对"创始人影响力"进行吹捧，轻视资本市场的险恶，导致控制权旁落的企业创始人不在少数，比方说新浪的王志东，他领导新浪成为中国最大的门户网站，然而新浪于 2000 年在纳斯达克上市后，他在资本的压力下，不得不离开新浪。

◎ 【股权设计实操】

那么，分离现金流权和控制权的方式有哪些呢? 就世界范围来说，有 30 多种方式，这里我们总结了最常见的四种——金字塔股权结构、交叉持股、类别股份和章定权利。

♦ 金字塔式股权结构

在我国，企业传统的股权结构是"同股同权"，意思就是你有多少股份，就有多少投票权。比方说你拥有某企业 35% 的股份，在该企业股东大会上对某项决议进行投票表决时，你就有 35% 的权重，不能保证该项决议百分百通过，因为还有 65% 的投票权你无法掌控。

接下来，我们通过"宝能"的案例来具体分析一下。2015 年 7 月，在 A 股市场爆发的万科和宝能系股权之争，引起了业界注意，也把宝能集团以及老板姚振华推向了舆论的顶端，这里不研究他们如何进行股权争夺，只研究姚振华是如何通过少量股份，完全掌控企业下游前海人寿的（见图 2-14）。

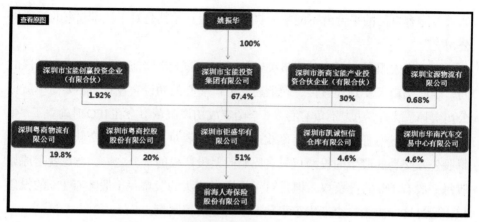

图 2-14　宝能集团通过少量股份控股前海人寿

通过图 2-14 我们可以清晰地看到，姚振华是通过层级控制的方式，借力控制，通过宝能投资、钜盛华把前海人寿的控制权掌握在手里。我们可以计算一下，姚振华持有前海人寿的实际股份为 34.374%（宝能投资、钜盛华股份相乘），而实际控股份额却达到了 51%，做到了相对控股。

假如我们把这些层级加大，对有限合伙人的持股平台进行设计，那么，这种控制权和现金流权的分离程度会更大。

有限合伙企业是由普通合伙人和有限合伙人一起创建的，公司的企业管理由普通合伙人负责，普通合伙人对公司的债务承担无限责任，而有限合伙人是不能参与企业管理的，他们对企业债务的责任承担也是有限的，所以，企业控制权还是在普通合伙人手上。普通合伙人再通过合伙平台去控制其他公司，控制权和现金流权的分离就越来越大。

比如普通合伙人在合伙企业中只有 10% 的股份，然后通过这家有限合伙企业对公司 D 进行掌控，同时也掌控了 D 公司旗下的 4 个子公司。也就是说，这位普通合伙人手里只持有公司 D5.1% 的股份，却牢牢掌握着公司 D 和其旗下 4 个子公司的命运（见图 2-15）。

这就是金字塔式的股权结构，层层递进，层层管理，为企业融资提供了参考。同时，企业在股权激励时建立持股平台，也是基于金字塔式的股权结构思考的。

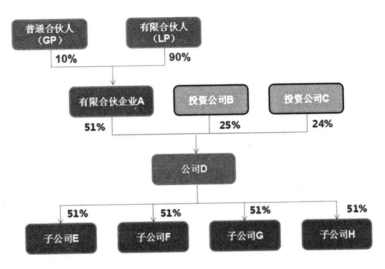

图 2-15 金字塔式的股权结构

● 交叉持股结构

交叉持股说简单一点就是我有你的股份,你也有我的股份,通过交叉持股的方式,可以让企业用最低的成本控制另外一家公司。交叉持股的方式有很多种,比如单纯型交叉持股、环状型交叉持股、网状型交叉持股、放射型交叉持股、变异型交叉持股等等(见图 2-16)。这里,我们就以单纯型交叉持股为例,进行详细分析。

比方说,A 企业出资 80 万获得 B 企业 50% 的股份,而 B 企业出资 50 万获得 A 企业 20% 的股份,那么实际上相当于 A 企业只用了 30 万而不是实际的 80 万,就把 B 企业 50% 的控制权握在手里,牵制住 B 企业。

不过,交叉持股也有弊端,这一方式容易给企业带来虚增资本,加大资本的空洞。就上述案例而言,表面上两家企业都有进账,实际上只有 B 公司账面增加 30 万。

交叉持股让企业之间形成命运共同体,大家彼此牵制,当然,交叉持股也更有利于控股多的股东剥夺其他小股东的权益。

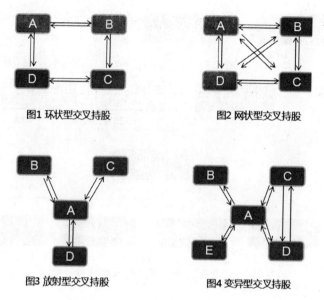

图 2-16　交叉持股的四种方式

♦ 类别股份

所谓类别股份，就是把企业股份分成两类或者两类以上的股份，其中一类为普通股，钱权统一，同股同权；而另一种则是同股不同权，比方说京东的 AB 股模式，刘强东和核心管理团队持有 B 股股票，每股股票的投票权是普通股票的 20 倍。

假如该类股票为优先股或者虚拟股，那么持有该股份的人员没有表决权，只有收益权，意思就是这部分股东，不参与管理，只参与分红。这也在一定程度上加大了持有普通股票的股东对持有类别股票的股东的控制权。京东、唯品会、Facebook 的创始人都是通过这种方式，不断加大手中股票的权利，从而牢牢掌握对企业控制权的。

♦ 章定权利

什么是"章定权利"？就是在公司章程或者相关文件中，事先规定好的，用来保护企业创始人控制权不旁落的规章制度。

就拿阿里巴巴来说，截止阿里巴巴向美国交易证券委员会递交招股书之前，虽然软银是阿里巴巴最大的股东，但是在此之前，马云和蔡崇信已经和软银达成共识，在没有马云和蔡崇信同意的情况下，软银不得撤掉任何阿里巴巴"合伙人制度"选出来的董事，并且软银要将手中 30% 的投票权委托给马云和蔡崇信。这样，即使马云手中的股份已经被稀释的很少了，但是阿里巴巴的控制权还是在马云手里。

有很多企业创始人在设计企业控制权结构时，喜欢把上述几种模式混在一起使用，想要最大程度保障自身控制权的安全。

比方说把金字塔结构和交叉持股结合，就能进一步放大企业的现金流权和控制权。李嘉诚手里控制着不计其数的上市企业和非上市企业，控制权结构十分复杂，其中就有金字塔结构和交叉持股结合的方式。

企业在剥离控制权时，也为控制人提供了剥夺其他股东的机会，但是身为企业实际控制人，设计股权结构的目的是为了企业更好的发展，而不是为了控制其他股东，否则，不仅会失了人心，还可能给自己带来灭顶之灾，得不偿失。

CHAPTER 03
中小企业如何
设计科学合理的股权结构？

科学合理的股权结构是中小企业稳步发展的基石。企业不懂股权结构设计，会面临五大问题：一是股东矛盾；二是股权结构不合理，投资人不愿投；三是一股独大，再好的项目也做不大；四是股权结构不合理，企业无法做大做强；五是被小股东绑架，失去控制权。如果你想做大做强企业，就一定要设计科学合理的股权结构。

3.1 中小企业为什么要设计股权结构？

◎ 【股权设计看点】

大多数中小企业老板在企业发展初期，并没有做股权设计的打算。理由有很多，"没必要""资金困难""以后再说吧"等等，那么真的能等到以后吗？

在我们辅助中小企业做股权设计的这几年里，看到很多中小企业的业绩确实不错，可是最后还是走上了倒闭的道路。甚至还有一种奇怪的现象，挣得越多，倒得越快。这到底是为什么呢？通过对大量案例的分析，我们发现，中小企业失败的主要原因是由于股东之间利益不均，矛盾日益突出，从而断送了企业的前途。

现实中还有一种怪圈：除非这家企业的股权由一个人"大权独握"，否则，中小企业股东矛盾的发生率几乎达到80%以上。最典型的案例如黄光裕与陈晓之间爆发的国美控股权大战，虽然国美股权纠纷的产生还有其他的原因，但是如果中小企业的老板能在创建企业之初，就对股权多一点思考和设计，或许情况就不一样了。

◎ 【股权设计案例】

合伙案例：陈晓与黄光裕的股权大战源起何处？

在2000年前后，我们国家出现了家电销售小高潮，像苏宁、国美等大型家电零卖企业兴起。可是好景不长，随着市场竞争日渐白热化，不少家电零售商要不被收购，要不就面临倒闭的境况。陈晓创建的"永乐电器"于2006年被黄光裕的"国美电器"收购，随后，黄光裕派陈晓掌管国美美国市场，于是，国美"引狼入室"的故事拉开了序幕。

陈晓算不上成功的企业家，他一手创立的"永乐电器"被国美收购，他在国美担任高层后，意与自己的老板——国美的掌门黄光裕争夺公司控制权。外界在唾弃陈晓忘恩负义的同时，也当了一回吃瓜群众，津津有味的围观国美这场股权大战。

陈晓于1996年创立"永乐电器"，到2004年，永乐已经在全国拥有108家门店，可谓家电零售商中的佼佼者。同年底，永乐引入美国摩根史丹利的战略投资。2005年10月，永乐电器在香港上市，但这种风光的景象并没有持续多久，永乐电器大规模的并购计划开始"反噬"，高昂的并购成本把永乐的体力消耗的所剩无几。按照永乐和摩根史丹利签订的对赌协议，假如被并购，陈晓很快就大权旁落了。此时，陈晓不顾所有高管的反对，毅然决然和国美"闪婚"。

2006年夏天，陈晓从一个老板变成了一个打工者，虽然他后来担任国美美国市场的经理人，但相比掌握实权的黄光裕，大多数国美人还是把陈晓看做"败军之将"，在国美没有地位可言。

然而，胜者黄光裕非常看好这个曾经的对手，还高调向外界宣传"我已经找到了CEO的最佳人选。"可好景不长，2008年11月，黄光裕被带走调查，陈晓临危受命，以第二大股东、总裁的身份主持大局，处理国美危机。

2009年6月，陈晓通过竺稼引入贝恩资本，与其签订了一份十分严苛的投资协议。协议的主要内容为：贝恩资本认购国美电器发行的15.9亿人民币的以美元结算的可换股债券，2016年到期，债券票面年息为5%，根据赎回条款，每份可转债到期时债券持有人认沽权按本金12%之内部收益率减去已付利息以美元赎回。

与此同时，陈晓开展了大规模的股权激励，把当时已经发行的3%的股权授予企业105名高管，此次股权激励的总金额达7.3亿港元，创下了中国家电业股权激励的记录，激励范围也覆盖到了副总监以上的级别。陈晓打算模仿当时新浪的模式，可是这是黄光裕不愿意看到的情景。

2010 年 5 月，在国美股东大会上，忍耐许久的大股东黄光裕突然发难，对贝恩资本提出的三名非执行董事的提案进行反对。随后，董事会又重新任命竺稼等三人为非执行董事，这等于是否定了股东大会的决议，也表示陈晓和黄光裕的矛盾由暗转明。

在那段时间里，双方在各大媒体上战火熊熊（见图 3-1）。当时还在服刑的黄光裕发表了一封道歉感谢信，大打情怀牌，这一举动博得了大部分民众的同情心，舆论开始支持"弱者"黄光裕。陈晓为了提升自己的舆论支持，也接受了很多主流媒体的采访。两人的"决战"在 2010 年 9 月 28 日召开的国美股东大会上进行，黄光裕要求撤销陈晓等人职务的提案并没有通过，但他的取消董事会增发授权却通过了，保全了自己大股东的地位。但这样的"和平"局面并未维持多久，2011 年 3 月，陈晓辞去国美董事局主席一职，陈晓败北。

同一时间，陈晓开通微博并写道："春天里各种新的希望又萌芽了，一切将重新开始。"

图 3-1　陈晓与黄光裕的股权大战的媒体报道

◎ 【股权设计实操】

　　黄光裕与陈晓上演了一场股权大战，在争斗中，企业错过了最好的发展时机。许多中小企业在发展早期，创始人只顾埋头苦干，不会考虑企业的股权结构，等到企业发展到一定规模时，才开始关心股权的分配。但到这时再讨论股权如何分，很容易出现黄光裕与陈晓这样的斗争，影响企业的发展。具体说来，中小企业要设计股权结构的原因主要有以下三点（见图3-2）。

图 3-2　中小企业设计股权结构的主要原因

● 不设计股权结构迟早会拖垮企业

　　越来越多的前车之鉴告诉我们：假如一家企业的股权结构设计不好，就算企业获得了成功，在结构上也很容易出现漏洞。最近几年"西少爷"、"雷士照明"、"真功夫"、"俏江南"、"一号店"等案例，都让业界感到十分惋惜。它们每一个都是前途光明的企业，是行业的佼佼者，历经艰辛才获得了今天的成绩，可是，由于股权结构设计不当，导致大厦崩塌，要么被自己人弄垮，要么大权旁落。

　　这些反面案例让越来越多的中小企业意识到，尽管良好的股权结构不一定能保证企业成功，但是不良的股权结构一定会把企业推入失败的深渊。

　　这些失败的案例让更多的中小企业老板认识到，设计好股权结构是多么重要的一件事情。

当然，我们还可以从其他角度来解释股权结构设计的必要性，但以上三点应该是最深层次的理由。

♦ 股权结构决定了公司控制权归属

企业控制权就是以股东大会中的表决权为主要体现方式的、享有公司的战略决策和基本管理的最终决策权。公司控制权是一个管理学概念，而不是法律概念。

如果你觉得理解起来有难度，那我们从国家的角度来解释。如果把一家公司比喻成一个小国家，那么公司控制权就相当于执政权，执政权在哪个党派手里，哪个党派就掌握了国家的命运和前途。换成公司也是一样，谁控制了董事会，谁就有权利决定公司的发展战略、用人策略、利益分配等最主要的公司权力。

设计公司股权结构，其实就是确定一个人或者几个人，以什么样的形式获得企业控制权。

如果获得企业控制权的人是非常有能力、有同理心的，那么在这位领导者的带领下，企业很容易获得成功，否则，这将是企业的一场灾难。比如侵占公司财物、腐败的职务消费、错误的战略方向等。关于中小企业如何掌握企业控制权的问题，我们将在下一章节专门讲述，这里就不再赘述。

♦ 股权结构是企业的"经济基础"

对于"经济基础决定上层建筑"这一概念，想必大家都很清楚，我们就通过这一概念来解读企业关系。对中小企业来说，股东把自己的钱投进公司，企业才能正常运转，没有这些资金支持，企业根本就建立不起来。也就是说，将来企业的利益分配、权利分配都是以股本形成的结构为基础的。

比方说，一家企业的注册资本为100万，其中一个股东注资70万，显然，这个股东肯定会说："我投的钱最多，我承担的风险最大，那我的分红权、决策权和控制权应该是最大的。"70万和100万相比，就显示了一个上层建筑的关系，就是谁投的多，谁就是老大，谁就能决定企业的命运。

简单来说,有钱就是任性,只要你投入的钱够多,你就能控制公司。也可以说,对股东而言,你手中的权力,和你在企业投入的资本成正比。这个资本,不局限于钱,还有技术、人力、不动产等等。

3.2 企业在不同成长阶段,如何设计股权结构?

◎ 【股权设计看点】

最近,我们处理了一个企业股权纠纷的案例:

一家成立了十年的企业,现在的经营状况可谓是如日中天。企业创立时,有三个合伙人——陈立、孙强和吴冬,三个人的股份份额分别为 40%、40%、20%(见图 3-3)。经过十年的发展,企业终于走上了正轨,现在每年的净利润达 3000 万元,其中占比 40% 的股东陈立找到我们,讲出了他的困惑:

第一,公司今天能有这样的成绩,他的贡献是最大的,另外两个人的贡献几乎为零;

第二,在公司重大决策上,另外两个股东经常对自己提出的意见进行反驳,而且这两个人不求上进,不学习新知识,思想极为落后;

第三,他心里非常不痛快,感觉自己的付出和回报不成正比,他们三个人每个月都是 15000 的工资,没有奖金,年终按股份比例分红。他现在有种为别人打工的感觉,对企业的发展热情大减。

类似的问题,我们每年都会遇到很多。值得欣慰的是,这家企业已经认识到股权结构的重要性,并设计了相应的股权结构,只是这个股权结构没有根据企业不同的成长阶段进行优化。

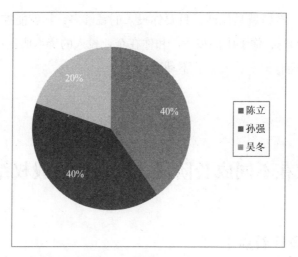

图 3-3　某企业股权结构

中小企业要做好股权设计，必须要有全局意识，长远谋划。要看到企业所在行业的未来前景，在企业的不同发展阶段，其股权结构是不同的。

◎【股权设计案例】

合伙案例："罗辑思维"因股权结构不合理导致企业未来堪忧

2014年5月的最热新闻莫过于"罗辑思维"的罗振宇和申音二人分道扬镳，这个事件让"罗辑思维"深受重创。

2012年12月21日，在这个"世界末日"，当所有人还在担心灾难是否会来临时，罗振宇和申音重磅推出了知识型脱口秀"罗辑思维"，也许是想蹭一蹭"世界末日"的热度吧。罗振宇是知名媒体人，申音是NTA传播的创始人，两人一个主外一个主内，一个负责内容，一个负责推广，他们还邀请了资深的互联网人吴声出任总策划。

"罗辑思维"以"有种、有趣、有料"为宗旨，提倡大家进行独立与理性思考，推崇自由主义和互联网思维。"罗辑思维"一经推出，便受到广大网友的追捧，在短短一年内就跻身互联网先锋品牌，"罗辑思维"的前景无限光明。

2013 年 12 月 27 日，在"罗辑思维"的第二次会员招募中，一天就把 800 万的会员费轻松收入囊中。第二天，据业内人士透露，"罗辑思维"的市值已达上亿元。

由于在第二次会员招募中获得了大量资金，罗振宇和申音意识到社会大众对于社群和电商的关注，以及社群电商新趋势的火热发展，但这也让罗振宇与申音在战略上的思考产生了分歧。

当时，罗振宇和申音的股份比例是这样的：申音 82%；罗振宇 18%（见图 3-4）。这样的股权结构在创业初期是没问题的，但是到了公司快速发展阶段，就出问题了，主要是公平问题，换句话说，就是罗振宇一直在提升"罗辑思维"的价值，而股权却在申音手上。在这样的情境下，一旦遇到新的问题，比方说战略选择，就一定是火星撞地球，一场避免不掉的大战，于是申音、罗振宇在战略选择面前不得不分手。

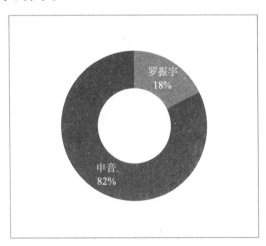

图 3-4　"罗辑思维"股权结构

◎ 【股权设计实操】

"逻辑思维"的问题其实是因为没有针对不同成长阶段设计股权结构导致的。到了发展阶段，还采用创业初期的股权设计，这显然是行不通的。所以，中小企业在做股权设计时，一定要针对企业不同的成长阶段设计不同的股权结构。

中小企业的发展简单地分为五个阶段，在企业发展的不同阶段，老板一定会面临公司股权设计问题。包括公司发展过程中出现的并购、重组、重整及合伙人退出等一系列问题，这都离不开合理完善的股权结构。就像方糖配咖啡一样，科学合理的股权结构是企业从生到死的最佳拍档。

那么，对于企业不同的成长阶段，我们应该如何设计股权结构呢？下面我们将针对中小企业发展的五个阶段，谈一谈股权结构设计的要点和原则（见图 3-5）。

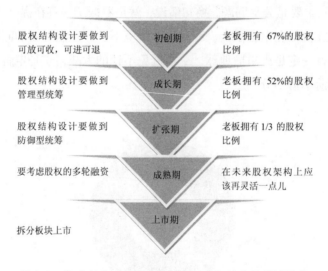

图 3-5　针对企业不同的成长阶段，股权结构设计的要点

◆ 初创期：股权结构设计要做到可放可收，可进可退，老板拥有 67% 的股权比例

企业初创期，实力弱，资源、资金、人才从哪儿来是个很大的问题。这时，老板常常需要亲自上阵才能把事情做到位。

在这个阶段做股权设计，最主要的目的是留住人才。中小企业在初创期设计股权结构时，要做到可放可收，可进可退，老板不仅要拥有"防御权"，也要拥有"进攻权"。在企业运营过程中，涉及命运前途的大事，比如兼并、重组、解散公司、修改公司章程等，需要 6 成以上股东表决通过才能生效。也就是说，虽然释放了三分之一的股份，但是企业的绝对控制权还是在老板手里。当然，假如企业由于经营不善让股东利益蒙受损失，并且通过其他途径没办法解决的，只要十分之一的股东通过，就可以请求人民法院解散公司。

在企业初创期，企业管理者各个方面都还不成熟，没办法独当一面，这时老板拥有企业 67% 的股权比例是最佳的股权结构，不仅可以顺利贯彻相关政策，还能确保企业正常运行。

◆ 成长期：股权结构设计要做到管理型统筹，老板拥有 52% 的股权比例

当企业进入发展期，企业管理者各方面的能力都在不断提升，专业水平水涨船高。老板可以从繁冗的琐事中抽身出来，对企业的未来进行战略思考。这个时候，老板可以考虑把手里的股份释放一些，把股权分给核心管理人员和技术人才等等，让他们由小股东慢慢成长，逐步成为公司的核心股东。这个阶段，老板只需要做管理型统筹即可。

在公司发展期，如果老板想要实现相对控股，手里的股份至少要有 50% 以上，52% 的股权比例为最佳，这主要是为将来企业上市考虑的。

如果老板想要把企业做上市，那么，老板的股份必然会进行多次稀释，至少两次以上。第一次是引入风投资金，通常情况下，风投入股会占 10% 的股份，相当于老板的股份被稀释了 10%。企业想要上市，就要发行公众流通股，公众流通股的最低额度是不得低于公司总股本的 25%，这一阶段又要稀释老板 25% 的股份。

这两次加起来一共稀释了 35% 的股份。假如老板之前的股份有 51%，被稀释 35%，还有 33.15% 的股份；假设老板原先的股份是 52%，被稀释掉 35%，还有 33.80% 的股份。虽然在数字上的差别只有 0.5%，可实际上却是天壤之别。33.15% 与 33.80% 的区别在于一个小于 1/3，一个大于 1/3。当老板拥有三分之一的股份时，就拥有对整个企业的一票否决权，外围股东不管怎么整合，股份加起来也不会超过三分之二，外围股东必然会受到牵制。

◆ 扩张期：股权结构设计要做到防御型统筹，老板拥有 1/3 的股权比例

当企业做出成绩，拥有一定的规模时，如果继续进行股权激励，以吸引更多人才加入，老板就要进一步稀释自己的股权。在上一阶段已经讲过，老板把股权控制在 1/3 以上，意味着老板拥有企业的重大事件否决权，这样的结构被称为防御型统筹。

这是为什么呢？因为股东大会或者股东在作出重大决策时，需要让多数股东通过才能生效。"多数"的意思是代表股份总数的 2/3 以上的股东出席，并由出席会议的持有 2/3 以上表决权的股东同意方可通过，比如在面临公司合并、收购、解散、重组等问题时。当老板拥有三分之一的股权比例时，便意味着可以对此事进行否决。

◆ 成熟期：要考虑股权的多轮融资，在未来股权结构上应该再灵活一点儿

企业到了发展的成熟期，在招兵买马、扩大市场份额、引入融资、上市等过程中，还会遇到股权稀释的问题，那么此时该如何平衡各方的利益呢？

随着公司的稳步发展，会面临这样几种情况：有的投资者会在种子期、成长期等不同时期退出；企业要进行多轮融资，才能解决在发展过程中遇到的资源短缺的问题；企业需要不断吸纳核心人才和其他资源。所以，中小企业在成熟期的股权结构设计要把未来的股权结构考虑进去，一方面要给未来人才预留新增股份，另一方面也要考虑多轮融资新资本方进入带来的股权结构变化。

从企业的发展规律来看，中小企业一般会经历五个股权融资阶段：起始→获得天使投资→获得风险投资→ Pre-IPO 融资→ IPO，其中，获得风险投资可能不止一轮。因为资本进入和员工持股等原因，中小企业的创始人团队的股权比例会随着公司的不断发展、规模不断扩大而减少，而资本方的控股比例在增加。当创业团队发现股权稀释的迹象后，才察觉到原始股有多珍贵。

因此，中小企业在 IPO 之前就要考虑多轮融资对股权的稀释，不能轻易把股权分配出去，这样在未来股权结构上才能有的放矢。

♦ 上市期：拆分板块上市

企业到了上市阶段，规模已经很大了，可能就需要把企业划分成几个板块来经营。比如有很多上市企业拆分子公司在新三板挂牌融资，以便把企业做新、做活；再比如传统的上市企业收购影视传媒公司，因为不管是在新三板市场上的定向增发还是上市公司的并购，企业都会面临股权重新设计的问题，这个问题我们就不多做讨论了。

3.3　创始人如何避免被小股东"绑架"？

◎ 【股权设计看点】

正常来讲，企业的股东们常常以投票的形式，对企业的某项章程或者人员罢免等重要事项进行表决。因此，一家企业的发展方向多是由诸多股东集体表决，并最终以股权的占比来决定的。可以说，股权的占比在表决权上起着决定性的作用。

对于中小企业来说，有些合伙人在资金比例上占有绝对优势，为了发展企业，他可能会拉一些亲朋好友进行合伙。这种情况在现实中，常常会被小股东"绑架"，尤其在企业做大之后，众人为了各自的利益会将股东之间的战争进行得更加激烈。通过下面这个真实的案例，我们来直观地了解一下小股东是如何对大股东实施"绑架"的。

◎ 【股权设计案例】

股权案例：两个小股东"合伙"，大股东进退两难

老陈是一个小作坊的创立者，摸爬滚打好多年，小作坊终于小成气候，老陈也成了名副其实的陈总。对企业满怀信心的陈总，为了拉一把自己的亲弟弟小陈，在他刚毕业后就让他加入了公司。在两兄弟和谐的合作下，公司发展蒸蒸日上，成绩斐然，大家有目共睹。

为了让企业更上一层楼，陈总派能力突出的员工小王去办一种对公司相当重要的特许证照，并承诺小王，如果她能成功办下该证照，就给她公司10%的股份。小王不负众望，只用了短短几天时间就成功拿到了证照。陈总没有食言，小王顺利成为了企业的股东。这时，三个人的股权比例是这样的（见图3-6）。

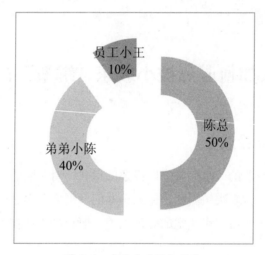

图 3-6　老陈企业股权结构

本来一切都尽在陈总的掌控之中，但他没有预料到的是，弟弟与小王日久生情，最终步入了婚姻的殿堂。本来这是喜事，股东都成了一家人，按理来说大家应该更加齐心协力才对，但事情远没有那么简单。

企业要发展，就必须要有股东的决策、董事的运作和经理的实施，但是陈总的企业却并非如此。为了规避股东之间的亲情关系，公司在制定章程时采用了股东平权原则，章程规定"任何决议以股东过半数以上表决通过"。在小王还没有成为小陈的妻子之前，弟弟都是听哥哥的，哥哥作为大股东当然如鱼得水。然而小陈结婚后，更加倾向于听自己妻子的，只要小王反对，小陈也跟着反对，哥哥的提议就被否决；而当小王提议某个方案时，小陈也马上跟进，哥哥一百万个反对，也无济于事。陈总作为公司的大股东，彻底被小股东小王和弟弟小陈"绑架"了!

陈总真是被将了一军,落得横竖是死,进退两难。最后,陈总一不做二不休,忍痛割爱,解散公司,冻结账户,独自开始二次创业。可是,由于前期的折腾导致企业大伤元气,大势已去,而且此时,兄弟两人再也不能像以前那样齐心协力了。

按理来说,陈总企业的股权安排还算合理,但合理的前提是三人没有剪不断理还乱的亲戚关系。所以,顾及人情,让亲戚进公司,是危险的伏笔。

此外,股东平权原则也是罪魁祸首。试想一下,如果陈总的弟弟没有与小王结婚,平权原则最大的受益者是老陈,但却损害了小王的利益。由此可以看出,陈总之所以被两个小股东"绑架",其根本原因并不是弟弟与小王的结合,而是企业的管理机制和股东权利的分配存在缺陷。事实是,如果不能实现大股东和小股东双赢,结果就是总有一方的利益会受到侵犯。

在某种情况下,应该允许小股东拥有足够的话语权或否决权,但这种权力不是无限制的,否则将使企业的大股东在治理公司时面临严峻挑战。往严重了说,如果小股东权力过大,还可能会联合造反,把大股东踢出门外。为了避免未来与不合适的合作伙伴纠缠不休,大股东应尽量避免给予小股东无限制的否决权。

◎ 【股权设计实操】

股权结构是公司稳定发展的基石,如果中小企业的股权安排严重扭曲,将会后患无穷。中小企业合理的股权结构通常表现为一个企业有三个股东(见图 3-7)。

图 3-7 中的两种股权结构,形成三足鼎立、三方均衡的布局。

那么如何才能避免大股东被小股东"绑架"的局面呢?以下股权设计的要点值得每一家中小企业借鉴使用,中小企业可以根据自己企业的实际情况,填充企业的"血肉",形成一个完美的股权设计。

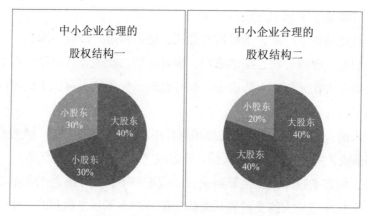

图 3-7　中小企业合理的股权结构

♦ 分配股权时要慎重，需遵循以下三条原则

☆ 不宜给兼职人员过多的股权

创业有风险，当创始人讲到他们的团队时，10 个人的团队，目前 4 个人全职创业，另外 6 个人还在大企业打工，只是兼职创业，等时机成熟了再全职。我们建议企业不要一开始就给予这些兼职人员较多的股份，因为即使这些人水平再高、技术再好，只要他们还没有破釜沉舟，还给自己留有后路，最终是否加入企业都有很大的不确定性。可能一开始，兼职合伙人还断断续续参与公司的经营，过一段时间可能参与会越来越少，半年后，热情消退，就可能基本不参与了，企业得不偿失。我们建议给那些对企业很重要的兼职技术人员期权，等到兼职人员全职参与企业经营后，才可以让其行权。

☆ 不要过早用普通股权激励早期的普通员工

中小企业的普通员工流动性很大，他们更多关注的是每个月能拿多少工资，对于股权激励没有什么概念。如果你这时给予他们股权激励，他们可能会认为企业发不出工资，所以用股权来"忽悠"他们，所以，对于创业初期的普通员工，我们建议企业不要进行股权激励。首先，股权激励成本高；其次，没有激励作用。

☆ 不要简单按照各自出资比例分配股权

企业的利润主要是靠人来创造的。企业的启动资金在创业阶段会起到重要作用，但随着企业的发展，人的作用要远远大于资金的作用。所以，中小企业在分配股权时不要简单地按出资比例来分配，这样会导致贡献与利益分配不均，会导致股权纠纷。

◈ 明确企业的四个角色

在股权结构里，一定要明确创始人、联合创始人、员工、外部投资人四个角色（见图 3-8）。

图 3-8　股权结构里需明确的四个角色

对于这四个角色，创始人和联合创始人必须全职为企业服务。创始人可以出钱，也可以不出钱，因为创始人是以经验、资源和对企业的投入来换得企业股权的。通常来说，创始人出小钱或不出钱占大股，投资人出大钱占小股。投资人不管为企业做了多少事，都是资本的增值部分，不能在投资人和创始人之间来回"骑墙"。

◈ 避免两种极端的股权结构

中小企业在设计股权结构时，应该避免两种极端的股权结构：一种是一股独大，这种股权结构最典型的是家族企业，不是只有一个股东，就是两个股东是一家人；另一种是股份高度分散，最典型的代表是华为，全员持股。

最理想的状态是：创始人作为一个大股东，在天使轮融资的时候要绝对控股，在后面的融资和股权激励中，要保持相对控制权。如果实在不行的话，可以把团队形成"一致行动人"，这样创始人既能拥有企业的控制权，又能避免被小股东"绑架"。

3.4　企业股权结构如何设计，更易获得投资人青睐？

◎ 【股权设计看点】

这是最坏的时代，也是最好的时代。只要你有勇气创业，就有机会写下商业传奇。然而，创业艰难，对于很多中小企业的老板来说，老板的头衔光辉闪耀，但缺钱的痛苦也是蚀骨难熬。缺少资金貌似永远是中小企业发展路上的一只"拦路虎"。

其实，中小企业的发展过程，就是一个融资、发展、再融资、再发展的过程。由此，也衍生出很多融资方式，比如风投、并购、IPO 等等。但即便如此，融资难仍然是让很多中小企业老板倍感困扰的问题。

在影响投资人是否投资的因素中，股权结构起着至关重要的作用。业内有种说法，投资＝投人＝投股权结构，可见股权结构对于中小企业长远发展的重要性。中小企业如果做好企业的股权结构，不仅找合伙人、找员工不成问题，找投资人也会变得很简单。只有股权结构科学合理，你的企业、团队、项目看上去才更有发展前景，才更有可能获得资本的青睐。

◎【股权设计案例】

滴滴打车于 2012 年 9 月 9 日正式上线，北京是其业务首发地，紧接着扩张至上海、深圳和广州地区。2012 年 12 月 ~2014 年 1 月，滴滴打车先后获得金沙江创投、腾讯公司、中信产业以及其他机构的三轮融资。

2014 年 5 月，"滴滴打车"正式命名；2014 年 8 月，滴滴专车上线，进军商务用车领域；2015 年 2 月，滴滴打车和快的打车战略合并；2015 年 5 月，滴滴打车在全国 8 个重点城市上线公益性打车服务"滴滴快车"；2015 年 9 月，滴滴打车更名为"滴滴出行"，并启用新 Logo，同时发布新版 APP，整合快车、顺风车、出租车、专车、代驾等多项业务；2015 年 10 月，滴滴出行获得第一张专业牌照。

2016 年 6 月，滴滴宣布完成新一轮 45 亿美元的股权融资，新的投资方包括苹果、中国人寿、蚂蚁金服、腾讯、阿里巴巴、招商银行、软银等，现有投资人也参与了本轮投资。

除股权融资之外，招商银行还为滴滴牵头安排 25 亿美元银行贷款，中国人寿则对滴滴进行 20 亿元人民币的长期债权投资。这意味着滴滴本轮实际融资总额达到了 73 亿美元。

纵观滴滴的发展路线，我们可以发现滴滴获得了不少投资人的青睐。为何滴滴的融资能如此成功呢？其实原因很简单，就是它的股权结构设计科学合理（见图 3-9）。

关于滴滴的股权结构，有很多传说，下面我们来一起聊聊相关话题。

一、滴滴与 Uber，到底谁收购了谁？

根据 Uber 发布的内部信，Uber 与滴滴合并后，Uber 将拥有滴滴 20% 的股权，成为最大股东。但根据滴滴发出的公告，滴滴收购 Uber 中国的品牌、业务、数据等全部资产，Uber 将持有滴滴 5.89% 的股权。

看到这里，大家可能都有些迷糊，这到底是谁收购谁啊？

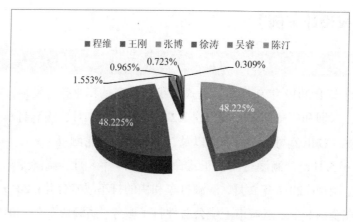

图 3-9　滴滴的股权结构图

从股权上来说，Uber 是滴滴最大的股东；从控制权上来说，滴滴团队控制企业的运营；从品牌来说，在中国滴滴将主导。所以，这并不是谁收购谁的问题，而是通过这次合并，滴滴获得了资源和发展。

二、谁控股？

看到上面"滴滴的股权结构图"，我们可能会说，很显然这是以程维为首的创业团队在控制滴滴。但为何在这个股权结构图里，我们看不到滴滴的投资人——腾讯、阿里、DST 等的持股信息呢？这是因为滴滴的股权结构是一种 VIE 架构，通俗地说，就是滴滴所有的股权比例只反映在滴滴的离岸控股公司（通常设立在开曼群岛）中，国内工商登记的股权结构并不是滴滴真实的股权结构。

根据媒体报道，以程维为首的创业团队的持股比例或许早已低于 20%，如果这一情况属实的话，那么滴滴与 Uber 合并之后，Uber 有可能成为了滴滴的最大股东。

三、滴滴的创业团队不控股，是否会失去对滴滴的控制权？

虽然说拥有企业控制权最简单、粗暴的方式就是控股，但对于像滴滴这样需要吸引优秀合伙人和投资人的企业来说，创业团队不控股是必然的。滴滴通过稀释股权解决了发展过程中的资本、战略资源与经营团队激励等问题，团队股权被极大稀释有其必然性与合理性。

即使以程维为首的创业团队不控股,他们也可以通过投票权委托、一致行动人以及 AB 股计划等,来实现对企业的控制权。所以,滴滴的创业团队还是有较大的发展空间的,至于"鹿死谁手",这要看最后的博弈结果。但不管怎么样,滴滴以这样的股权结构吸引了优秀的投资人、投资机构和合伙人,这就是我们要学习和借鉴的地方。

◎ 【股权设计实操】

可以说,科学合理的股权结构将为中小企业分忧、为投资人解惑。那么,中小企业的股权结构如何设计更易获得投资人的青睐呢?

要想设计出容易获得投资人青睐的股权结构,我们要从两个方面着手:一是投资人最看中企业股权结构的哪些要素;二是中小企业在融资过程中的股权结构设计原则:防止大权旁落。

♦ 投资人最看中企业股权结构的哪些要素?

要设计出投资人青睐的股权结构,首先我们要知道投资人最看中企业股权结构的哪些要素。总结起来,投资人要投资一家企业,对于股权结构的考察,主要归于以下三个要素(见图 3-10)。

图 3-10　投资人最看中企业股权结构的三个要素

☆ 是否有靠谱、格局大、有凝聚力的创始人

很多中小企业为了吸引投资人，在网上查找各种商业计划书的模板，然后挑灯夜战几晚，写出自认为可以吸引投资人的"商业计划书"。可事实上，投资人拿到商业计划书后，往往不会看你激动人心的项目介绍和市场分析，而是直接跳到股权结构这一块仔细查看。为何投资人要直接查看企业的"股权结构"呢？因为通过股权结构可以看到企业创始人的胸怀与格局。

对此，我们的建议是：创始人作为创业团队的核心，应持有企业的绝对控股权和相对控股权。

☆ 保证合伙人的背景及经验与融资项目契合

如今是一个"合伙闯天下"的时代，所以企业在设计股权结构时，要突出"合伙人"式的股权结构设计，合伙人的持股比例直接反映出一个创业团队是否对企业的发展有清晰的认识。比如，手游项目的核心股东是销售合伙人合适还是技术合伙人合适？

对此，我们的建议是：在设计股权结构时，要根据项目的特点，科学合理地评估每个合伙人的优势和价值。要保证合伙人的背景及经验与融资项目契合。

☆ 预估未来成长瓶颈，设立股权激励期权池

对于中小企业来说，预留期权池并不是一个新鲜话题。所谓期权池，就是企业创业初期预留出来的一部分股权。对于投资人来说，看到你的股权结构里有预留期权池，那就说明你对企业未来发展的预判是合理的。

如果企业的股权已经全部分完，就会导致如果以后入职的高级人才要求股份却没有可分配的股权，而不得不稀释原始创业团队的股份的情况，这对企业的发展非常不利。投资人肯定不愿意投资这样没有未来的企业。

对此，我们的建议是：在股权结构里预留 10%~20% 作为期权池。董事会按照企业的发展现状，决定把期权发给谁和发多少。企业在发放期权时，最好把期权的较大份额分给那些对企业发展至关重要、贡献比较突出的员工。

◆ 中小企业在融资过程中的股权结构设计原则：防止大权旁落

对于投资人来说，我们认为最不理想的股权结构，就是企业创始人团队对企业失去控股权，但令人感到遗憾的是，很多中小企业至今对这一点没有深刻的认识。在很多中小企业创始人看来，只要能拿到融资，控股权可要可不要，以至于为企业以后的经营埋下了隐患。所以，中小企业在融资时，除了考虑上述投资人注重的股权结构因素，还要遵循的一大原则就是——保持控股权。

中小企业创始人之所以要保持企业的控股权，其实是为了保护自己的利益。要知道，很多中小企业创始人在创业时除了想挣钱外，还投入了自己的理想，希望能做出一番事业。而对于投资人来说，他们愿意为你的企业投资，纯粹是为了赚钱。

正因如此，投资人在向企业投资时，通常会提出以下四项特殊权利（见图 3-11）。

图 3-11　投资人通常会提出的四项特殊权利

在这几个问题上，中小企业创始人应该坚持的原则就是：保持对企业的控股权。就拿回购股份来说，如果最后企业的盈利没有达到和投资人的"对赌条件"，企业就要连本带息回购股份。这对于历经艰难将企业做大做强的中小企业创始人来说，如同签订了"卖身契"。一旦这样的情况发生，企业的控制权就会花落别人家，而创始人多年辛苦的打拼可能就会前功尽弃。

当然，不可否认的是，并不是所有的中小企业老板都有理想。在这个浮躁的社会，很多老板创立企业可能仅仅是为了赚钱，所以在融资时就会将眼前的利益放在第一位，而忽视控股权。比如作为国内第一家 C2C 模式的二手电商平台——人人车，于 2017 年 7 月出让控股权换取 2 亿美元的融资，投资方为滴滴出行。也就是说，滴滴出行获得了人人车的控股权。

或许，人人车获得滴滴出行的投资和控股后，会一改之前的衰败局面，但原来的创始团队将何去何从是个值得深思的问题。易到和乐视的案例让我不得不对人人车的创始人李健和他的创始团队担忧。被投资方掌控的创业企业，很难保持创业初心，最后的结果恐怕也只是沦为棋子，追求短期收益。

作为中小企业的老板，不管我们当初创立企业的目的是什么，为了理想，亦或是为了赚钱，在融资的过程中，都不能丢掉对企业的控股权。关于融资过程中的控股权，以下几点建议可供创业者参考：

☆ 保持绝对的控股权

在融资过程中，中小企业要掌握企业的绝对控股权，而不是相对控股。如果投资人对这一点提出异议，我们建议中小企业放弃这次融资，或是以较好的价钱将企业全部转让，然后自己再重敲锣鼓另开张。

☆ 分段融资，将股权逐步摊薄

中小企业在融资的过程中，为了保持绝对的控股权，可以采用分段融资的方式，将股权逐步摊薄，这样的融资方式，一来容易成功，二来可以确保对企业的控制权，而且只要成功融资一次且项目有发展潜力，就可以实现一次股权的溢价和升值。

最后，我们还有一点要提醒大家：如果你的企业占据技术优势，在融资时就拥有了主动权，只要你不放弃控股权，那么一般情况下投资方是可以接受的。但如果你的企业在技术或知识产权方面不具备任何优势，那么一味地坚持企业的控股权其实也没太大的益处。所以，中小企业在进行融资时，既要遵循保持控股权的原则，又要根据企业的实际情况适当取舍。

3.5 家族企业，如何优化股权结构？

◎ 【合伙人股权设计看点】

提到"家族企业"，你可能第一时间会想到街角的"路边摊"或是附近的餐馆。其实不然，全球很多大公司，比如宝马、沃尔玛都是家族企业。所谓家族企业，准确地说，是指资本或股份主要控制在家族成员的手中，家族成员出任企业主要领导职务。

家族企业不仅是中小企业最主要的组织形式，同时也是世界上最普遍的企业组织形态。毫不夸张地说，家族企业在世界经济中有着非比寻常的地位。即使是最保守的估计，家族企业在全世界的中小企业中也占 65%~80%，在世界 500 强企业中占 40%。我们可以看一下福布斯中文网公布的"2015 全球家族企业 500 强榜单"的前 10 位（见图 3-12）。

在中国也有许多我们熟知的家族企业，比如李嘉诚的和记黄埔、何享健家族的美的集团、张建东张近东兄弟的苏宁电器等等。

通常来说，家族企业都将股权高度集中在家族成员手中，以血缘、亲缘为纽带结成一个小团体，方便内部成员间的沟通交流，降低信息不对称和成员间的协调成本。同时，各成员对家族有高度的认同感，使得家族成员为家族企业工作都是"各尽所能、各取所需"，不计较自己付出的劳动和获得的报酬是否是合理的股权比例关系。

但随着市场变革速度加快，现代企业制度盛行，这种完全由家族成员掌控的股权结构的弊端就显现出来了，大致有以下三个弊端（见图 3-13）。

1	沃尔玛公司/Wal-Mart Stores, Inc.	上市 4,763 2,200,000
2	大众公司/Volkswagen AG	上市 2,616 572,800
3	伯克希尔-哈撒韦公司/Berkshire Hathaway, Inc.	上市 1,822 330,745
4	EXOR公司/EXOR SpA	上市 1,511 301,441
5	福特汽车公司/Ford Motor Company	上市 1,469 181,000
6	嘉吉公司/Cargill, Incorporated	私营 1,367 143,000
7	科氏工业公司/Koch Industries Inc.	私营 1,150 100,000
8	BMW公司/Bayerische Motoren Werke AG	上市 1,010 110,351
9	施瓦茨集团/Schwarz Group	私营 894 335,000
10	欧尚集团/Groupe Auchan	私营 855 302,500

图 3-12　2015 全球家族企业 500 强榜单的前 10 位

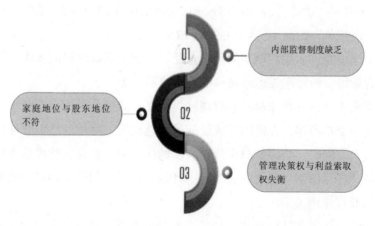

图 3-13　由家族成员掌控的企业股权结构的三大弊端

比如廖创企业、九牧王、真功夫、远东皮革、新鸿基地产、土豆网、天健集团等，都曾因是家族企业，股权结构不合理而产生过纠纷，导致企业业绩受损。因此，优化股权结构，实现个人、企业、家族的顺利传承，为更好的未来"备忘"，已经成为越来越多家族企业的共识与选择。

◎ 【合伙人股权设计案例】

合伙案例：土豆网，因夫妻财产分割纠纷而卡壳

土豆网由创始人王微及其前妻杨蕾于2007年8月一起创立。企业创立之初，两人的股权结构是这样的（见图3-14）。

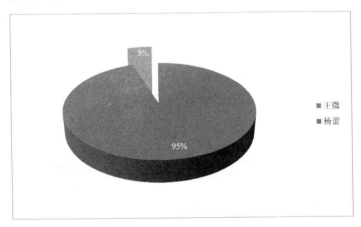

图 3-14　土豆网创立之初的股权结构

当然，在王微95%的股权中，有76%涉及夫妻共有财产。在土豆网成立之初，两人可谓是夫妻同心，其利断金，同心同力为企业倾注了很多心血。然而，当企业历经五轮融资，在筹备IPO时，因王微结识了一位上海籍芭蕾舞女星，与杨蕾的婚姻走到了尽头。

王微提出离婚，杨蕾向法院提出诉讼请求，要求分割二人婚姻存续期间的财产。当时土豆网正在筹备IPO，这一诉讼使得法院冻结了王微名下三家公司的股权，其中包括土豆网95%的股份。法院冻结的股权直接导致土豆网没有在最佳时机实现IPO，而此时土豆网最大的竞争对手——优酷网率先上市。优酷网上市后，立刻受到了资本市场的热捧，股价最高攀至69.95美元。

虽然王微和杨蕾的离婚官司终结后，土豆网立刻重新筹备IPO，但离当初

计划的上市时间已经过去 9 个月，市场已经发生巨大变化，优酷网已经逐渐占领市场，走上了高速发展的道路。

透过土豆网的案例，我们看到的是，即使是亲密无间的夫妻，在合伙时也应该优化好股权结构，这样才能避免因为财产分割而影响企业的发展。

◎【合伙人股权设计实操】

具体来说，我们可以从几个方面出发，思考家族企业股权结构优化的问题（见图 3-15）。

图 3-15　家族企业优化股权结构的五大要点

♦ 从未来的战略规划出发审视当下的股权结构

在股权结构变革过程中，很多历史遗留问题会被重新翻上台面。比如，家族股东创业过程中，股权、投入和收益公平性问题；家族股东对家族企业的功劳与过错；曾经对股东的股权赠予；家务事的恩怨掺杂到企业经营事务中，相互混淆，边界不清；等等。

这时候，就需要从战略的高度来分析、审视以下四个问题：

这种高度集权的股权结构是否适合企业的战略需求？

最适合领导家族企业实现战略目标的领军人物是谁？

如果未来 5 年第一要务是上市，那么谁能堪当此任？

最合适的大股东人选、董事长人选又是谁？

♦ 规范治理结构，优化股权结构

在家族企业中最常见的问题是：用管理机制代替治理结构。在我们辅助过的家族企业里，见到最多的便是其治理结构中虽然设置了董事会，但由于董事会大多由大股东控制，所以董事会形同虚设。同时，由于家族企业里的"家族文化"，最大股东常常用"操纵"代替"管理"，使得企业的各项规章制度缺乏公平，造成企业外部对家族企业的监督严重缺失、治理结构失衡等问题。

所以，家族企业要规范治理结构，建立一个由股东、董事会和企业高层经理人员构成的组织，相互之间形成制衡关系。比如，家族企业的股东可以将自己的资产交给董事会托管，董事会应该是家族企业的最高决策机构，拥有对高层管理人员的聘任和解雇权。

♦ 以快速成长为导向优化股权结构

优化股权结构的最终目的是实现企业的快速成长和市值扩大，家族企业不妨采取以下措施，以便让企业的决策更加迅速：

首先，家族企业董事会席位以 5 ～ 7 位为宜，不能设置太多；

其次，家族企业的大股东必须让自己的意志通过董事会快速地传达到经营层，这就要求家族企业必须搭建好顶层设计。

♦ 引入外部股东优化股权结构

家族企业普遍存在一些不规范的动作，比如财务体系不明、治理结构不规范等等。为了很好地规避这一方面的弊端，家族企业可以通过引入外部股东来优化股权结构。需要提醒家族企业的是，你所引进的外部股东，一定要给予他一定的话语权，让他参与公司的治理，以达到通过新血液涤荡旧风气，优化股权结构的目的。

比如，某公司的老板是家族成员，也是公司创始人的后代，但公司的总裁兼总经理却是一位非家族成员。

引入外部股东共享企业的管理权和股权，可以使企业一部分没有能力和低素质的人员从重要的岗位上退下来，有利于家族企业实现内部变革，形成适应企业发展的股权结构。

◆ 实施股权激励优化股权结构

实施股权激励计划，有助于优化家族企业的股权结构。比如对中高层管理者、核心员工进行股权激励，通过出让股权稀释大股东的股份，使高度集权的股权结构向相互制衡的股权结构转变，同时也吸引和锁定一批业界精英，共同完成企业战略目标。

Part 2

股权之争：把握企业航行的舵，
控股才是王道——合伙人开放

如何设计合伙人股权结构，
科学地切"蛋糕"？

合伙人股权结构对于中小企业来说至关重要。科学合理的股权结构不但可以明晰合伙人之间的权、利、责，维护企业的稳定发展，还有利于企业融资和进入资本市场。总之，科学合理的合伙人股权结构是企业稳固的基石，能确保企业长久、稳定的发展。

4.1 没有对的合伙人，何谈合伙人股权配置？

◎ 【合伙人股权设计看点】

曾经有一位小企业的老板找到我们，说他想把企业发展壮大，但不想与别人合伙，他认为凭自己的才华和能力就可以实现壮大企业的梦想。听了这位老板的话，我只问了他一句话："你觉得你和马云、马化腾相比，谁更厉害？"我这么问并没有要贬低这位老板的意思，我只是想让他明白，即使是马云和马化腾这般厉害的人，也都需要合伙人。马云有"十八罗汉"，马化腾有"四大金刚"，那么，这位老板为何要单枪匹马闯天下呢？

事实上，并非这一位老板有这样的想法。在向我们咨询和我们辅助过的中小企业里，有很多老板都有这样一个困扰：是自己单枪匹马闯天下，还是与人合伙集体上阵打天下？

对于这个问题，我们进行了深入的研究和调查，发现中小企业的老板之所以有这样的困扰，并不是他们骨子里愿意一个人单打独打，而是害怕找到合伙人后，刚开始大家同甘苦共患难，但最后却因股权纠纷反目成仇，甚至对簿公堂。

诚然，这样的担心是有必要的，但不能因为害怕，就停滞不前。合伙人之间之所以有股权纠纷，其根本原因是股权结构和股权分配没有做好。只要解决这一个问题，那么寻找合伙人将不再是问题。

九层之台，起于垒土；千里之行，始于足下。虽然合伙股权的结构设计和分配是重中之重，但没有对的合伙人，何谈合伙人股权配置？对此，真格基金创始人徐小平在一次演讲中着重强调了合伙人的重要性：合伙的重要性超过了商业模式和行业选择，比你是否处在风口上更重要。遗憾的是，很多中小企业并没有意识到找对合伙人的重要性，在创业热情只增不减的情况下，忘记了创业最重要的铁律，即"合伙人不能凑"！

那么，中小企业老板要如何找到对的合伙人呢？下面，我们从新东方的"三剑客"、阿里巴巴的"十八罗汉"以及腾讯的"五虎"，来看看这些找对合伙人的企业之间的共性，或许我们会从中找到答案。

◎【合伙人股权设计案例】

合伙案例 1：新东方的"三剑客"

新东方的三位合伙人分别是：俞敏洪、徐小平、王强。俞敏洪参加了三次高考才考上大学，身为"移动英语词典"，发音却无人听得懂，但是有上进心，足够努力；徐小平，著名留学、签证、职业规划和人生发展咨询师，是一个充满激情的人；王强，美国纽约州立大学计算机科学硕士，虽然充满理想主义但是足够冷静。这样性格互补的三个人，共同开创了新东方。

合伙案例 2：阿里巴巴的"十八罗汉"

马云在创立阿里巴巴时，找到了 17 位合伙人，这 17 个人与他共同被称为阿里巴巴的"十八罗汉"。由于阿里巴巴合伙人的人数众数，我们用图表来表示（见表 4-1）。

表 4-1　阿里巴巴的"十八罗汉"

合伙人	现任职务
马云	阿里巴巴董事局主席
孙彤宇	淘宝网总裁
金建杭	阿里巴巴资深副总裁
蔡崇信	阿里巴巴首席财务官
彭蕾	阿里巴巴首席人力官
张瑛	阿里巴巴顾问

（续表）

合伙人	现任职务
吴泳铭	阿里妈妈总经理
盛一飞	支付宝产品部总监
楼文胜	阿里巴巴 B2B 中国市场运营部产品规划师
麻长炜	淘宝网用户体验设计总监
韩敏	支付宝市场运营部总监
谢世煌	阿里巴巴执行董事、B2B 网站产品发展资深总监
戴珊	阿里巴巴执行董事、副总裁
金媛影	阿里巴巴资深经理
蒋芳	阿里巴巴总经理助理
周悦虹	阿里巴巴技术部
昱峰	阿里巴巴资深总监
饶彤彤	阿里巴巴国际事业部

这"十八罗汉"共同凑了 50 万元的创业基金，近 10 个月没有休假，每天工作 16~18 个小时，成就了如今富可敌国的阿里巴巴。

合伙案例 3：腾讯的"五虎"

马化腾在创立腾讯时，找到了张志东、曾李青、许晨晔、陈一丹为合伙人，他们被称为"四大金刚"。为了避免企业壮大后出现争权夺利的局面，马化腾在创业初期就和伙伴们约定：各展所长，各管一摊。马化腾是 CEO（首席执行官），张志东是 CTO（首席技术官），曾李青是 COO（首席运营官），许晨晔是 CIO（首席信息官），陈一丹是 CAO（首席行政官）。

这些企业家用他们的成功给我们提供了经验。他们因为找到了对的合伙人，彼此信任、拥有共同的理想和目标等，在合伙创业的道路上一路前行。如果没有找到对的合伙人，谁都不能保证新东方、阿里巴巴、腾讯能够取得今天的成功。

◎【合伙人股权设计实操】

对的合伙人不是随便就能找到的，也并非是亲朋好友、同学都适合做合伙人。那么问题来了，中小企业创始人到底如何才能找到"对"的合伙人，一起迎接挑战，实现发展企业的梦想呢？

♠ "对"的合伙人拥有哪些品质？

对于中小企业来说，一个"对"的合伙人通常要有三大品质（见图4-1）。

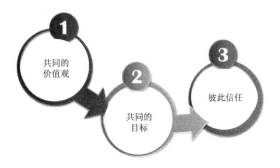

图 4-1 "对"的合伙人拥有的三大品质

☆ 共同的价值观

对的合伙人最重要的品质就是与中小企业创始人拥有共同的价值观。只有彼此价值观相同，才能认可彼此的做法和决策，这样在制定企业愿景、目标、发展战略时才会高度的默契。在这里，我们需要提醒创业者的是：合伙人的价值观要跟行业特征密切相关。比如你的企业是用户第一还是客户第一？

☆ 共同的目标

如果合伙人之间没有共同的目标，那么合伙创业将没有任何意义。因为合伙的意义就在于朝着共同的目标前进，把企业做大做强。没有共同目标的合伙人，只会关注企业的短期利益，不会把心思花在企业长远发展上，这样的合伙人，绝对不可能并肩远行。所以，对的合伙人一定是与你有共同目标的。

☆ 彼此信任

信任，是创业合伙的基础，没有信任，一切无从谈起。对此，SOHO 中国董事长潘石屹在 2015 年 Tech World 大会上说了这样一段话："如今很多合伙创业失败的案例，也许不是因为创业项目的问题，也不是企业发展方向的原因，更多的是合伙人之间缺乏信任。"

在创业的过程中，仅凭创业者一人之力，即使成功融得大额资金，也是无法把企业做大做强的。创业者需要找到对的合伙人，将彼此的力量结合起来共同努力，才能实现目标，这样一来，合伙人之间的彼此信任就显得尤为重要。如果没有信任，彼此将会在猜疑中互相折磨，这不光对企业的发展极为不利，更严重的是，两人甚至会对簿公堂。创业者在找合伙人时，首先要考虑的是：你是否信任他，他是否信任你。

● 去哪里找"对"的合伙人效率最高？

组建合伙人团队对中小企业创始人来说是十分关键的事情，但创始人不可能采用公开筛选人才的方式找到合伙人。面对茫茫人海，创始人应该去哪里找到"对"的合伙人呢？

基于创始人的同学、同事、朋友、同行、同乡、亲戚等亲密关系的圈子才是合伙人人选的关键来源，这样的圈子更具稳定性，对中小企业创始人来说，也最靠谱、最高效，同时也是成本较低的方式（见图 4-2）。

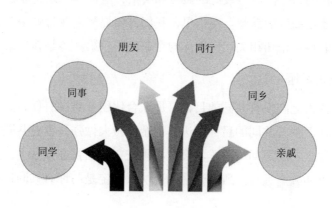

图 4-2 选择"对"的合伙人的六个圈子

马化腾的合伙人张志东、许晨晔、陈一丹是他从中学到大学的校友，曾李青则是马化腾姐姐的同事，也是许晨晔的同事。这样基于同学和朋友关系的合伙人团队，分工明确、各有所长、相互信任、价值观一致，很容易形成理性的标杆式合伙人团队。

◐ 用什么方法评估合伙人最科学？

如何判断你找到的合伙人是不是"对"的合伙人？判断的标准是什么？我们经过研究和实践，找到一种评估"对"的合伙人的五大指标：正确的动机＋四种特质（见图4-3）。

☆ 正确的动机

在我们看来，评估"对"的合伙人的第一个指标就是正确的动机。"对"的合伙人拥有正确动机的表现为乐于奉献的精神和谦逊的个性。

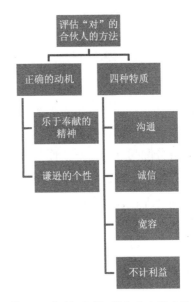

图4-3　评估"对"的合伙人的方法

☆ 四种特质

除了正确的动机，"对"的合伙人还要有四种特质：

第一种：沟通。合伙创业，大家各有各的观点，也各有各的问题。观点不同或者是有了问题，及时沟通，大家就可以一起想办法解决。如果沟通不到位，往往会给合伙人的关系带来不安定的因子，合伙人之间有了隔阂，也就等于给企业未来的发展带来了隐患。

第二种：诚信。诚信是做人最基本的行为规范和道德标准。在合伙人之间的关系处理上，一定要坚守诚信的原则。也许，坚持诚信会暂时损害到自身利益，但无论如何，自己都要坚持诚实守信的原则。对其他合伙人言行一致、信守承诺，是保证合伙人之间能够良好合作的前提条件。

第三种：宽容。宽容，就是对与自己不一致的意见或观点能够耐心倾听、不动怒，对合伙人给自己造成的损失不过分计较、追究。合伙人在探讨某些问题或者决策的时候，往往会出现意见相左、观点不一的情况，在激烈争论的时候，甚至可能会出现言语上的冒犯。发生这样的情况，合伙人就必须要有宽容的胸怀，以大局为重，不去计较这些琐事，更不能把这样的事情当作日后某些行为的借口。否则，合伙人之间就会产生隔阂，并最终影响到企业的发展。

第四种：不计利益。每个人看问题的角度不一样，合伙人之间在利益分配上其实没有绝对的公平。你想追求绝对公平，凡事不肯吃亏，那么你就输在了创业起点。如果合伙人都站在自己的角度考虑问题，人人都会觉得自己吃亏；反之，如果合伙人都能做到"不计利益"，大家心里就会比较坦然，不会因为利益分配问题纠结不清而影响到企业的发展。

综上所述，中小企业创始人在找"对"的合伙人时，要运用正确的方式方法，正确处理和合伙人的关系，争取把合伙人拉到同一战线上，为企业的发展作出贡献。

4.2 适合中小企业的合伙模式有哪些？

◎ 【合伙人股权设计看点】

找对合伙人后，对于中小企业来说，接下来就是选择哪种合伙模式的问题。所谓万丈高楼平地起，合伙模式是设计股权结构的基础，要想设计好合伙人股权结构，就必须选择最适合自己的合伙模式。合伙模式就好比是股权结构设计的"根"，根都没有"埋"好，如何能长出茂盛的枝叶呢？

下面，我们先来看看万科是如何选择合伙模式的？

◎ 【合伙人股权设计案例】

合伙案例：万科的合伙模式

万科成立于 1984 年，是全国首家销售额超千亿元的房地产企业，也是中国最大的专业住宅开发企业。2016 年上半年，万科营业收入达到 747.95 亿元，同比增长 10.42%。

在业绩蒸蒸日上的背后，万科也曾遭遇过数次重大危机。2010 ～ 2012 年，万科人事动荡，多名高管离职、公司产品问题频现、销售额下滑，被万科总裁郁亮戏称遭遇"中年危机"。

为了走出"中年危机"，万科积极调整管理战略，对雇佣制下的职业经理人机制进行革新，祛除雇佣制的弊端，推出"共阶、共享、共担"的事业合伙人模式。其事业合伙人模式主要包含三大内容（见图 4-4）。

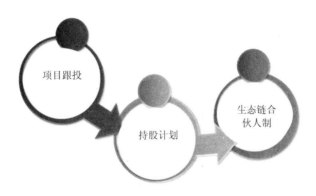

图 4-4　万科事业合伙人模式的主要内容

项目跟投：针对企业管理层及项目管理人员、公司董事、高管等。主要内容是员工初始跟投份额不能超过项目资金峰值的 5%，企业对跟投项目额外受让跟投，其投资总额不能超过该项目资金峰值的 5%；项目所在一线企业跟投人员可以在未来 18 个月内，额外受让此份额，受让时，按照人民银行同期同档次贷款基础利率支付利息。

持股计划：针对一定级别管理人员，让其以年终奖励购买企业股票。公司董事、高管及一定级别以上的管理者参与持股计划，高管购买有下限。

生态链合伙人制：针对产业链上下游。允许施工单位等产业链上下游企业对参与项目进行一定比例的跟投。

通过这样的合伙模式，万科重新敲定了企业与合伙人的关系，将企业的业绩、投资的风险和员工、产业链上下游人员联系在一起，使所有人员都朝着一个共同的目标努力，杜绝一切浪费、无所作为的行为，使各方实现利益共同体、事业共同体、命运共同体，杜绝了优秀人才的流失，提升了企业的运营效率。

◎【合伙人股权设计实操】

中小企业应该如何选择合伙人模式？每种模式又有什么样的优缺点？它们又分别适用于什么样的企业？这些都是我们应该了解的。

归纳起来，适合中小企业的合伙人模式主要有五种（见图4-5），下面我们将针对这5种合伙人模式来具体讲讲它们各自的优缺点和选择的注意事项。

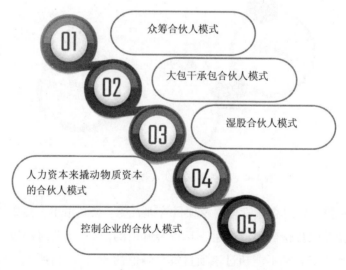

图 4-5 适合中小企业的五种合伙人模式

● 众筹合伙人模式：最强的、适合创业企业的模式

如今的阿里巴巴是一个庞大的商业帝国，旗下有无数人们耳熟能详的

业务，如淘宝、支付宝、天猫等。它成功的背后是马云和合伙人的努力。如果说当时就有"众筹"二字的话，那么马云和他的合伙人团队就是较早的"众筹合伙模式"，他们众筹的不仅仅是有限的资金，更众筹了头脑和运营思路。

从阿里巴巴的发展历程我们可以看出，"合伙人＋众筹"的模式似乎是最强的合伙制模式之一，值得广大中小企业深入学习和探索。

所谓"众筹合伙模式"，就是通过众筹的模式将大众投资人聚集起来，这些投资人每人出一部分资金一起成立一个企业。这样每个投资人都是公司的股东，并且享有公司盈利后的分红权。下面我们用一个图解来详细展示众筹合伙模式（见图4-6）。

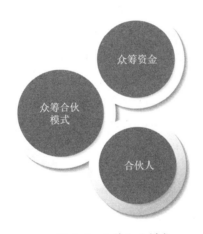

图 4-6　众筹合伙模式

比如，你想要创立一家母婴用品的电商商城，尽管你有一个好想法，但是在技术和资金环节有些薄弱。为了加快创业步伐，你可以寻求投资人的帮助，将自己的创业点子传递给投资者。投资者如果看好你的创业点子，就会对你进行投资。有了资金之后，你还需要招募合伙人，比如技术合伙人、市场合伙人等。有了众筹资金和合伙人，你的电商平台就可以做起来，那些众筹者会成为你的最初股东，享受分红，但不会参与公司运营，也自然不必担负亏损风险。而合伙人则需要承担运营事务，与你一起将公司做大。

这种模式给众多创业者和中小企业的创始人提供了机会，让他们在资金、合伙人方面的短板得到了弥补，可以更快、更顺利地踏上创业之路。

我们需要提醒大家的是，在众筹的过程中，股东中需要一些有影响力的人物，最好是有代表性、权威性的人，只有这样才能吸引更多股东和合伙人加入。

♦ "大包干"承包合伙人模式：让创始人既能保持控制权又能改善企业经营

在合伙人的模式中，有一种模式激励性很强，那就是以承包理念为主的"大包干制度"。在合伙创业盛行的当下，中小企业可以采取这种以承包理念为主的大包干制，让合伙人有机会得到更多的利益。那么企业到底该如何实行这种合伙人模式呢？

这种"大包干承包制"类似于短期的"出租"。打个比方，你是一个店面的所有者，你如果想利用这个门店赚钱，有两种方法：一种是自己开店，另一种是租出去，后者就是这种合伙模式的雏形。你会收取一定的房租或管理费，而租户则除了上缴房租或管理费之外，剩下所有的收入都归自己所有。

这种模式既可以让中小企业创始人在保持对企业控制权的前提下改善企业的经营，还可以通过合同划清企业与合伙人的收益分配关系，使激励对象有一定的经营决策权，从而激发合伙人为企业贡献的决心，让企业走上良性发展的道路。

比如，一家企业拿出一些地区的销售权给某位合伙人，按照一定的价格为他提供产品。这个合伙人自行负责人力、设备、销售策略等，并在相关区域内销售产品，依靠产品差价赚取利润。

♦ 湿股合伙人模式：把合伙人和企业紧紧地捆绑在一起

湿股是一种实质股权，拥有湿股的合伙人，对企业拥有所有权和分红权，但也要承担企业运营的风险。为了让企业存活下去，中小企业需要出让给合伙人部分虚拟股权，包括分红权和增值权，这样一来，合伙人就会更加卖力地为企业工作，也能减轻企业融资的压力，从而优化企业的发展。

中小企业要注意的是，湿股合伙人既然拥有"湿股"，就必须拿资金投入企业，以获得相关的经营权、收益权和分配权。同时，湿股合伙人还要和创始人一起承担企业的各种风险。这样，合伙人便和企业紧紧地捆绑在一起，为了长久的利益而共同前进。

◆ 人力资本来撬动物质资本的合伙人模式：适合新型企业

有一种合伙人模式深受新型企业的青睐，那就是以人力资本来撬动物质资本的合伙模式。这类模式多由专业人员经营，使用这种合伙人模式的企业通常为人力资本型比如律师事务所、咨询公司、TMT 行业的企业等。

首先来看一下这类企业的特点。人力资本型企业最大的特点就是轻资产运营，员工、人才才是企业最大的资产，离开了人，企业几乎无法运作。同时，这类企业的人才可替代性较差，公司注重的是发挥人才的主观能动性，以此来团结运作。

尽管人才是这类企业最鲜明的特点，也是其核心优势，但"成也萧何，败也萧何"，影响这类企业发展的瓶颈也是人。当这类企业发展到一定规模时，创始人就无法面面俱到，公司会受到创始人能力与水平的限制，比如会遭遇难以跨越区域拓展业务、公司达到一定规模之后停滞不前、核心人才流失严重、没有晋升空间等问题。

面对这些问题，这类企业往往很头疼，合伙人模式的出现可谓是雪中送炭。采取人力资本撬动物质资本的有限合伙制模式，能够解决这类企业的最大问题，而且能让企业更好地向前发展。那么如何打造以人力为主的合伙人模式呢？有两个方法值得借鉴（见图 4-7）。

◆ 控制企业的合伙人模式：适合互联网企业、科技创新企业

相对于传统企业来说，创新是新型企业的鲜明特点，比如互联网企业、科技创新企业等。失去创新的能力，它们很可能就会被时代淘汰，可以说每个存活下来的新型企业，都具有创新的能力。但是这类新型企业对资金的需求似乎是个无底洞，想要继续发展就需要资金支持，因此企业往往会进行多轮融资，

如滴滴打车和快的打车在开始阶段就进行了多轮融资，融资额高达几十亿美元。而每次融资，都会让企业陷入到团队股权之争中，创始人的股权也因此被稀释，逐渐失去对公司的控制权。针对这种问题，这类企业需要使用一种新的制度，来保证创始人团队对公司拥有控制权，并且让公司的经营理念和文化内涵得以传承下去。

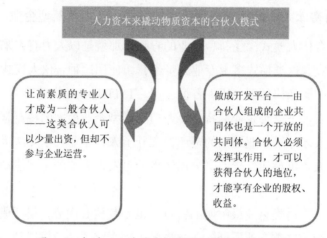

图 4-7　打造以人力为主的合伙人模式的两大要点

　　由此，控制企业的合伙人模式就出现了。在这种合伙人模式中，合伙人往往是企业的创始人团队。这是一种公司治理机制，以便创始人团队可以掌握和控制公司，但是这种控制权并非由合伙人直接拥有，而是要以间接的方式让创始合伙人拥有。比如可以通过董事会提名权来控制公司半数以上的董事，以这种形式来间接控制公司，主旨是通过某些制度上的安排，保障创始合伙人和管理层的权益，以此来保证公司的持续正常发展。

　　控制企业的合伙人模式，并不等同于法律意义上的纯粹合伙人关系。事实上，这样的合伙人模式，能够保证企业在未来的发展道路上延续企业原有的理念。

4.3　创始人与合伙人之间，如何设计股权结构?

◎ 【合伙人股权设计看点】

选择了最合适的合伙人模式之后，接下来就是设计股权结构了。中小企业创始人如何绝对控股？如何避免股权纠纷？创始人和合伙人之间如何分配股权？……这些都是中小企业股权设计的核心问题。仔细思考，这些问题都与一件事有关，那就是股权结构。

中小企业如何设计企业的股权结构，尤其是创始人与合伙人的股权结构，一直都是困扰中小企业的最大问题。

对于中小企业来说，创始人与合伙人的股权结构直接影响企业的发展。具体来说，创始人与合伙人之间科学合理的股权结构对企业有以下好处（见图 4-8 ）。

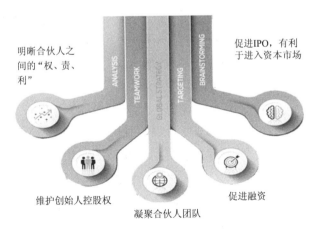

图 4-8　科学合理的股权结构对企业的好处

♦ 明晰合伙人之间的"权、责、利"

科学合理的股权结构有利于明晰合伙人之间的"权、责、利"，科学地体现合伙人对企业的贡献、享受的利益和权利。

♦ 维护创始人控股权

科学合理的股权结构可以有效地维护创始人的控股权，让创始人始终把握企业的发展方向。同时，控股权还可以让创始人在合伙人团队建立话语权和影响力。

♦ 凝聚合伙人团队

科学合理的股权结构可以让合伙人团队劲往一处使，让每个人合伙人都有发展的空间，达到凝聚合伙人团队的作用，让团队更有竞争力，有助于维护企业的稳定。

♦ 促进融资

如今是一个资本时代，中小企业在融资时，投资机构或投资人会重点考察创始人与合伙人之间的股权结构是否科学合理，以避免陷入股权之争。

♦ 促进 IPO，有利于进入资本市场

以前中小企业要想实现 IPO，是一件非常不容易的事，但随着近年国家证券法的修改，中小企业 IPO 的门槛降低了很多，这也使得中小企业实现 IPO 将不再是一件难事。虽然 IPO 的门槛降低了，但对其合规的要求不会降低，中小企业要想进入资本市场，实现 IPO，股权结构是否科学合理是一个重要的考察内容。

总之，创始人与合伙人之间科学合理的股权结构是企业稳固的基石，中小企业在设计股权结构时，要从理性、专业的角度去设计，才能确保企业长久、稳定地发展。那么，创始人与合伙人之间的股权结构要如何设计呢？不着急，我们透过"泡面吧"股权结构设计失败的案例，来找寻设计股权结构的原则和要点。

◎ 【合伙人股权设计案例】

合伙案例："泡面吧"合伙人股权纠纷，一个未来之星瞬间陨落

2012 年，"泡面吧"创始人俞昊然申请注册"paomianba.com"的域名，同年构思完成"泡面吧"项目的创意，即面向中文用户，采用伴随式教育的概念，让用户可以像泡面一样更高效、更主动地进行学习的在线教育平台。

随后，根据项目的需要，俞昊然陆续邀请了严霁玥、王冲加入团队。严霁玥负责人力资源、财务、法务和行政工作,王冲负责内容开发与融资。2013 年底，"泡面吧"引入天使投资并成功融资 100 万元，同时成立了众学致一网络科技公司，此至，"泡面吧"正式成为企业运营制。俞昊然、严霁玥、王冲成为联合创始人。

作为最早拥有 Idea 的俞昊然在企业成立之初，因为在美国上学，无暇顾及企业事务，其他两个联合创始人也没有告知他任何关于股权分配的事宜。直到 2014 年 6 月，俞昊然才知道，他们三个联创始人的股权结构是这样的（见图 4-9）。

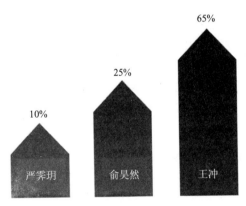

图 4-9　众学致一网络科技公司三个联合创始人的股权比例

一直以来，俞昊然都认为自己是"泡面吧"当仁不让的"老大"，应该拥有企业最多的股权，当知道自己的股权仅有 25% 时，他感觉自己的主导权被剥夺了，于是对合伙人王冲产生怀疑。

王冲却不这样想，当初在引进天使投资时，对方要求企业要有一个绝对的控股股东，这个股东要全职为企业工作，而当时的俞昊然在美国上学，无法全职为企业服务。为了成功拿到融资，他才设计成这样的股权结构。之后，企业进行新的融资，先是稀释了王冲的股权，之后开始同时稀释俞昊然和王冲的股权。最终的股权结构是：三个人的股权大致相当。

对此，俞昊然反驳说，在引进天使投资时，他与王冲曾有过口头约定，当时出于信任彼此，没有做出书面协议。这个口头约定是这样的：王冲暂为第一大股东，等拿到融资后，两人再进行股份对调。

2014 年 6 月，"泡面吧" A 轮融资就要走到最后一步了，很多投资机构和投资人看好这一项目。俞昊然和王冲只需在协议上签字，出让 20% 的股权，就能获得超过 200 万美元的融资。

可是就在这个关键时刻，俞昊然和王冲却发生了分歧。俞昊然坚持要成为企业的最大股东，而王冲则坚持自己的股权要比俞昊然多 1%。

双方争执不休，都不肯让步。就在两人争执时，投资机构和投资人纷纷撤离，本是未来之星的"泡面吧"就这样陨落。

"泡面吧"的陨落可谓给中小企业上了深刻的一课：企业的发展基础之一是合伙人团队的股权结构。但这些靠什么来维系？感情？在利益冲突出现的时候，即使再亲密的合伙人，也会互相猜疑。只有事先设计好合伙人股权结构并落实到协议上，才是预防危机、让企业走得更远的上乘之策。

◎ 【合伙人股权设计实操】

对于中小企业来说，创始人与合伙人之间资源互补、紧密合作，是企业发展的前提条件。所以，合伙人既是企业的最大贡献者，也是企业参与股权分配最重要的人。在此，我们想特别提醒中小企业创始人的是，不管你与合伙人的关系多么亲密，都应该设计科学合理的股权结构。

中小企业的创始人与合伙人的股权结构的设计主要涉及两个本质：

一是如何在科学合理分配股权的基础上保证创始人对企业的绝对控股权；

二是如何通过科学合理的股权分配凝聚合伙人团队，吸引更多有资源、有能力的合伙人加入。

那么，中小企业的创始人到底应该如何设计与合伙人之间的股权结构呢？

● 股权结构的三种类型

要想设计好股权结构，首先我们必须知道创始人与合伙人之间股权结构的几种类型。据我们的经验和研究，总结出三种股权结构（见图4-10）。

图 4-10   股权结构的三种类型

☆ 类型一：一元股权结构

所谓一元股权结构，指的是创始人与合伙人之间的股权比例、表决权、分红权都呈一体化。这种股权结构的主要特点是，任何合伙人的权利都是根据股权比例来定的，这是目前大多数中小企业采用的股权结构。

在这里，中小企业要特别注意在"表决权"上的设计，当发生下列情况时，表明企业的"表决权"已经高达2/3，这样对创始人的绝对控股权就会产生威胁，所以创始人一定要在协议里对以下情况进行协议约定：

一是合伙人持有的股权比例达到33.4%以上的；

二是两位合伙人的股权比例分别为51%和49%；

三是合伙人的股权比例超过50%；

四是创始人和合伙人的股权比例均为50%。

☆ 类型二：二元股权结构

二元股权结构指的是创始人与合伙人的股权比例、表决权、分红权做出不等比例的安排，将股东权利进行分离设计。虽然我国的公司法规定，可以同股不同权，但需要注意的是，这种股权结构只适合于那些将分红权给某些合伙人，将决策权给创始人的情况。大多数情况下，我们建议同一类股票的权利应该一致。

☆ 类型三：4X4股权结构

4X4股权结构是将企业的股东分为四个类型：创始人、合伙人、员工、投资人，然后根据这四类人的特点设计股权结构。

♦ 创始人与合伙人股权结构设计的四大原则

我们根据对成功的中小企业以及实现IPO的企业，其创始人与合伙人之间股权结构的实证分析，得出创始人与合伙人股权结构设计的四大原则（见图4-11）。

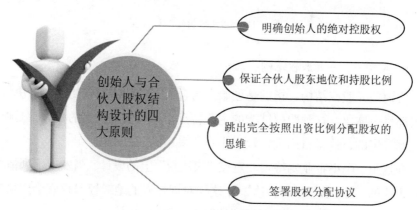

图 4-11　创始人与合伙人股权结构设计的四大原则

☆ 原则一：明确创始人的绝对控股权

合伙人股权结构设计首先需要明确的就是企业创始人的股权及其拥有的权利，包括在股东大会拥有的表决权和对公司的控制权。在一家企业里，主要的创始人往往只有一个。这个创始人一般投资比较大，既有创业能力，又有创业心态，还有长期全职投入预期，把握着公司整体的发展方向。那么创始人的股权应该如何分配呢？

企业的创始人往往也是企业的CEO，在股权占比中，CEO一定是核心股东，要占比较大的比例，一般会超过 50%，较大的企业和特殊结构的企业除外。在中小企业里，创始人和合伙人之间的股权不能太接近，创始人要绝对控股。

通常来说，创始人和合伙人最常见的股权分配如下（见图 4-12）。

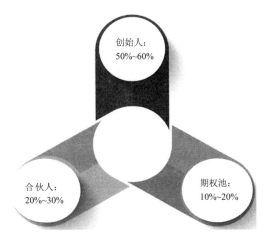

图 4-12　创始人和合伙人最常见的股权分配

国内的一个经典案例就是唯品会。2012 年，唯品会在美国成功上市，企业市值翻了近五倍。唯品会的成功离不开创始人沈亚的领导。沈亚作为唯品会的 CEO，拥有绝对的控股权，占企业 56.5% 的股份。这样的股权设计，可以让沈亚在做任何决策时都不受其他合伙人的影响。试想一下，如果沈亚没有绝对控股权，那么他所做的决策就不能很好的执行，企业就会像一只无头苍蝇，在发展中失去方向，那么，唯品会也就不会有如今的成就。

☆ 原则二：保证合伙人股东地位和持股比例

维系合伙人之间关系的基础是风险共担、利益共享，因此，中小企业在设计合伙人股权进入机制时，要科学评估合伙人在企业作出的贡献和为企业创造的价值，保证合伙人的股东地位和持股比例，为未来合伙人并肩作战共进退打好基础。

比如，马化腾从一开始就给予了"四大金刚"股东地位，从腾讯初创到发展壮大，这四位合伙人和马化腾风雨同舟、不离不弃，随着腾讯的市值剧增，"四大金刚"也是赚得盆满钵满，真正做到了合伙人之间风险共担、利益共享。

☆ **原则三：跳出完全按照出资比例分配股权的思维**

入股中小企业的方式，除了投入资金，还可以投入劳务、专利、技术、知识产权等，所以，中小企业在设计合伙人股权结构时，完全按照出资多少分配股权是不合理的。我们建议中小企业科学评估合伙人的各类出资（资金、创意、技术、运营、个人品牌），跳出完全按照出资比例分配股权的思维，鼓励有特殊价值的股东和员工，发挥人力资本最大的优势，增强公司的竞争力。

☆ **原则四：签署股权分配协议**

很多中小企业在设计合伙人股权结构时，或是碍于情面，或是忙于发展企业，只是在口头上约定股权如何分配，没有签署股权分配协议。一旦企业成长起来，合伙人要求按照股权比例分享利润时，口头约定就很难服众，而如果这个时候再去讨论股权如何分，肯定无法满足所有人的预期，影响企业的发展前途。

所以，中小企业应该在合伙人进入时就与其签署书面股权分配协议，约定各合伙人的股权比例。同时，还应该约定股权兑换机制，公平保护合伙人的权利，激发各合伙人尽心尽力为企业效力，保证企业稳定发展。

4.4 如何穿越合伙人股权结构设计的四大"雷区"？

◎ 【合伙人股权设计看点】

根据北大红杉近几年对无数中小企业股权设计的指导、辅助，我们总结出中小企业在设计股权结构时，往往会触及四大"雷区"。

● 雷区一：高度集中型

高度集中型，通俗地说，就是一股独大。就是说作为企业的创始人，拥有企业100%的股份，或者夫妻两人共同占有企业100%的股份，对企业所有的事务有绝对的话语权，包括公司合并、分立、上市、修改章程、主营业务变更等重大事项。

表面上来看，这种股权结构可以让创始人拥有绝对的控股权，有利于快速决策，但如果深挖下去，这样的股权结构和"一言堂"式的家族管理模式是一样的，企业的董事会、股东会等都形同虚设，企业的经营管理都是由创始人一个人说了算。这样的结果就是一旦创始人决策失误，企业将走向陨落。同时，高度集中型的股权结构也不利于企业实现IPO。

高度集中型的股权结构，有一个非常典型的案例。

2015年，曾被舆论推为最火的自媒体之一、在优酷上的总播放量达到7050多万次、微信公众号订阅数达110多万、估值高达1亿元的"罗辑思维"突然宣告散伙，让业界唏嘘不已。对于其散伙原因，其中"高度集中型"的股权结构是最致命的。

从工商登记资料来看，"罗辑思维"的股权结构是这样的（见图4-13）。

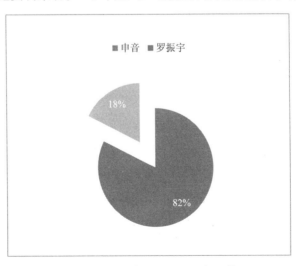

图 4-13　"罗辑思维"的股权结构

从持股比例来看，申音对企业事务拥有绝对的话语权，罗振宇仅仅是为申音打工的，这似乎违背罗振宇所倡导的"自由人的自由联合"精神。后期，公司的项目核心人变成了罗振宇，而这个明显不合理的股权结构，则为双方分道扬镳埋下了隐患。

合伙人股权设计有一条原则是"67%"原则，即企业的创始人占企业 2/3 以上的股份。当你占有企业 2/3 以上的股份时，就在法律上拥有了绝对控股权。事实上，100% 和 67% 的股份占有在本质上没有任何区别。中小企业的创始人没有必要把这 33% 紧紧握在手里。这 33% 的股份，就好比是地下的宝藏，当其没有被开发出来时，没有任何价值，一旦我们把这 33% 的股份拿出来，对内用于激活合伙人团队、激励员工，对外用于融资，股权应有的价值就得到了很好的发挥，股权的增值功能就得到了最大限度的释放。

◆ 雷区二：高度分散型

高度分散型的股权结构又称为"团队博弈型"股权结构，是指企业所有权与经营权分离，股权分散在大小合伙人手中，且持股比例相差不大，单个合伙人所持股份的比例大都在 10% 左右，没有核心大股东。

高度集中的股权结构固然有其弊端，但过度分散的股权结构也同样问题很多。从高度集中到过度分散，很有可能是从一个极端走到了另一个极端。看似相互制衡的股权结构，实际上因为大量小股东的存在，容易引发企业管理层道德危机，使企业各项决策变得异常复杂，企业大量的时间和精力都消耗在股东之间的相互博弈上。而每个股东由于拥有的股份很少，往往会产生"搭便车"的心理，即自己不愿花大力气去关心企业的发展，而希望别的股东花大力气去这样做，自己坐享其成。

◆ 雷区三：平均分配型

关于平均分配型的股权结构，我们在本篇专门用一节的内容详细讲述过。为了避免赘述，在这里，我们只作略述。平均分配型的股权结构，就是 5∶5。这样的股权结构，一旦出现意见分歧，很可能导致股东会僵局，无法实现有效决策。另外，在实际经营中，每个合伙人对公司的贡献是不同的，如果股权均分，就会导致公司控制权与利益获得权失衡，为未来的利益分配埋下隐患。

◆ 雷区四：相互制衡型

相互制衡型股权结构，指的是企业不止一个较大控股股东，还有其他大股东，共同形成制衡关系。关于相互制衡型股权结构的利弊，没有一个准确的说法。有的说它是合理的股权结构，也有的说它不合理。说它合理是因为它能制衡各个股东，降低企业的风险；说它不合理是因为可能造成执行效率低，决策延误，错过商机等。

在这方面，阿里巴巴是最好的典型，阿里巴巴 IPO 前后的股权结构是这样的（见图 4-14）。

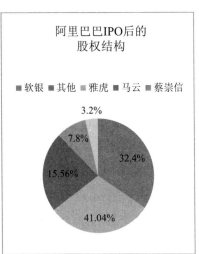

图 4-14　阿里巴巴 IPO 前后的股权结构

从上面的图表不难看出，无论是 IPO 前还是 IPO 后，阿里巴巴都有一个相对控股股东——软银，同时还拥有其他大股东，如雅虎、以马云为代表的阿里创始团队等，没有哪个股东具有绝对控股权，同时也不存在大量小股东干扰股东会决策。对于阿里巴巴来说，这是一种比较合理的股权结构。

知道了合伙人股权结构的四大雷区，我们如何设计股权结构才能避免"流血战争"？是否存在完美的股权安排？在具体讲解方法之前，我们先来看看微软的股权结构设计为何如此成功，或许我们能从中有所启发。

◎ 【合伙人股权设计案例】

合伙案例：微软的股权结构设计为何如此成功？

早在1975年，比尔·盖茨和保罗·艾伦合伙创办了微软，当时微软创始人比尔·盖茨与合伙人保罗·艾伦的股权比例是这样的（见图4-15）。

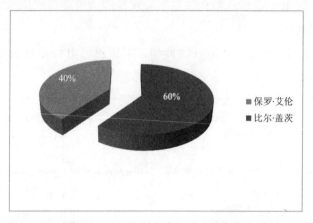

图4-15　微软创业阶段的股权结构

两年后，比尔·盖茨和保罗·艾伦签署了一份非正式协议，在这份协议里，两个人的股权结构发生了变化，比尔·盖茨与保罗·艾伦的股权份额分别是64%和36%。值得一提的是，当时比尔·盖茨的年薪是1.6万美元，是企业的管理者中工资最低的。这种实际是企业的第一大股东，却拿着最低的工资，极大地激励着微软的其他合伙人，对合伙人团队起到很大的凝聚作用。

当微软经历了6年发展，已经走上良性的发展道路时，企业里又新加入了几名合伙人，他们分别是鲍尔默、拉伯恩、西蒙伊和利特文。这时，作为创始人的比尔·盖茨对自己与合伙人之间的股权结构是这样设计的（见图4-16）。

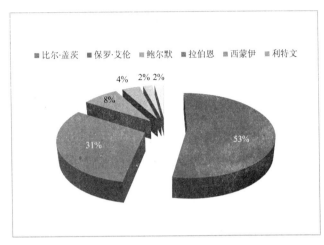

图 4-16 微软发展阶段的股权结构设计

事实上，懂得股权设计的人一眼就能看出比尔·盖茨设计的这个股权构架是不合理、不科学的。这样的股权结构没有给企业里辛苦工作的老员工任何利益，因此这样的股权结构也引起了微软老员工的不满。

庆幸的是，比尔·盖茨在后来也意识到这个问题了，为了纠正这一问题，他开始给员工配股。他规定，在企业工作满一年的员工才有资格获得股票，而这些股票会在以后的 4 年分八次支付给员工。比尔·盖茨无疑是成功的，微软高速发展，到 1992 年，微软的股票每股达到 1500 美元，这使那些持有微软股票的员工拥有了大量财富。

同时，比尔·盖茨还对员工制定了各种股票奖励形式，以吸引高端人士进入企业。

虽然微软的股权结构在中间也有些波折，但大凡成功的企业，哪个不是经历数次的变革才走向成功的。综合来说，微软的创始人比尔·盖茨和其合伙人之间的股权结构算是经典的成功案例了。这样的股权结构，既保证了创始人的绝对控股权和合伙人的利益，又兼顾了员工激励和人才引进等方面，微软的股权结构是值得每一个企业学习的。

◎ 【合伙人股权设计实操】

中小企业要想自己的企业避免因股权结构爆发"流血战争"，像微软一样，既保证创始人的绝对控股和合伙人的利益，又兼顾员工激励和人才引进等方面，就需要把握以下四个要点。

♦ 简单明晰

"简单"是指股东人数不能太多，对于中小企业，我们的建议是 3 个人为宜；"明晰"是指股权结构清晰，不存在交叉持股、隐名股东等。

♦ 存在核心大股东

股权结构一定要确保创始人的地位，创始人要是核心大股东，拥有企业的表决权和控股权。大股东不清晰，股权分配将无从谈起，不可避免地会引起股权纠纷。比如，前面案例说到的真功夫的股权之争，就是因为大股东不清晰——蔡达标和潘宇海分别持股 50% 和 47%，导致出现意见分歧时无法决策，引发不可调和的矛盾。

♦ 风险最小化

合伙人股权结构设计的风险主要有三个方面，中小企业在设计股权结构时要想法设法地避免这三个风险（见图 4-17）。

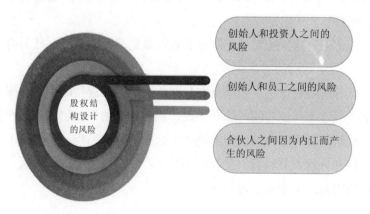

图 4-17　股权结构设计的风险

♦ 利益最大化

中小企业创始人在设计股权结构时还要力图让自己的利益最大化。比如，你的企业要想实现 IPO，在设计股权结构时，就应该按照 IPO 的法律法规设计。

总之，合伙人股权结构是一个弹性可塑的动态交互模式，创始人应充分考虑公司的现有价值、发展方向、经营状况、股权激励计划和未来的融资需求以及出资人价值、投资额、收益兑现等因素，在进行深入分析后做统筹规划，并根据公司的发展变化及合伙人变动等实时调整股权结构，让其更好地适应企业的发展节奏。

CHAPTER 05

几个朋友合伙，如何分配股权？

对于中小企业来说，合伙人之间如何分配股权是一件大事。因为股权分配不均导致同室操戈、反目成仇的案例实在太多，这些都让中小企业家提心吊胆。因此，在矛盾出现之前，学会合理分配股权的技巧，是合伙企业一路顺利的关键。合伙人技术入股，如何分配股权？合伙人股权分配常见的错误有哪些？2个人合伙如何分配股权？3个人合伙如何分配股权？……

5.1 为什么说 60% 的企业死于股权分配?

◎ 【合伙人股权设计看点】

熟悉我的朋友都说我是"玻璃心"，因为一听到哪家公司的合伙人一拍两散了，或是哪家本来很有前途的公司倒闭了，我都捶胸顿足为之惋惜。作为一个局外人，我本可以事不关己高高挂起，但每次听到这样的消息，都免不了扼腕叹息，一个企业的诞生是多么不容易啊，可就是因为合伙人之间出现这样那样的矛盾，让本来很有前途的企业半路夭折。

纵观如今创业失败的原因，"团队打架"是创业失败的前三大诱因之一，而"团队打架"主要是因为股权分配不合理种下的恶果（见图 5-1）。比如因为股权纠纷而衰败的真功夫；从估值一亿到一夜分家的明星初创公司泡面吧；因为股权纠纷散伙的西少爷肉夹馍等，都是典型的代表。

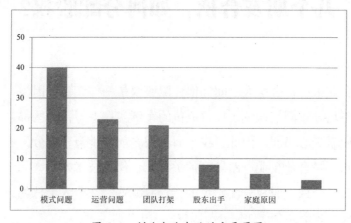

图 5-1　创业企业失败的主要原因

资本时代，无数年轻的优秀创业者脱颖而出，但细细数来，因为股权分配导致散伙的企业，绝不在少数。

这并非耸人听闻。很多企业的合伙人，因为股权分配，都难逃从"同心同德"到"同归于尽"的四个阶段（见图5-2）。

STEP 01　创业阶段，大家为同一个目标聚在一起，"同心同德"；

STEP 02　随着合作的深入，彼此之间产生分歧，大家"同床异梦"；

STEP 03　矛盾升级，大家"同室操戈"；

STEP 04　问题得不到解决，企业濒临破产倒闭，大家走向"同归于尽"。

图5-2　合伙人从"同心同德"到"同归于尽"的四个阶段

股权分配问题，是所有创业团队都必须面对和解决的问题。作为北大红杉的创始人、企业上市孵化实战特级导师，我接触过无数中小企业，失败的，不夸张地说有60%是因为合伙人之间的股权分配导致的；成功的，也有60%以上的经历过股权分配纠纷。对于中小企业来说，股权分配的合理与否直接影响企业的发展。准确地说，科学合理的股权分配对创业企业有三大好处（见图5-3）。

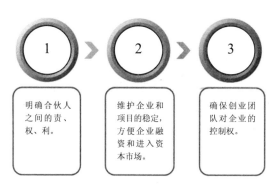

1　明确合伙人之间的责、权、利。

2　维护企业和项目的稳定，方便企业融资和进入资本市场。

3　确保创业团队对企业的控制权。

图5-3　合理的股权分配对中小企业的好处

总之，合理的股权分配是合伙创业的基石，如果股权分配问题不解决或是解决不好，将来就会爆发股权之争，即使发展再好的企业也会因此而没落。

◎ 【合伙人股权设计案例】

故事要从1998年说起。当时吴长江和同学杜刚、胡永宏，在惠州的路边摊上喝着啤酒吃着炒粉，决定合伙成立雷士照明。当时的股权分配是这样的（见图5-4）。

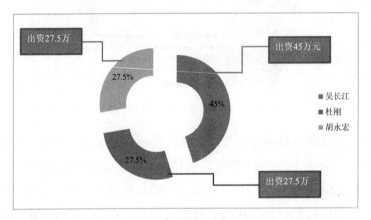

图 5-4　雷士照明股权比例

同时，吴长江还和杜刚、胡永宏约定：如果吴长江一意孤行，杜刚、胡永宏两个人可以制约吴长江。

公司经过4年的发展，到2002年，风生水起，三个合伙人对股权进行了一次调整。这次调整的结果是平均分配股权，即每人33.3%的股权。股份均等了，矛盾也出现了。2005年，三个人的矛盾彻底激化。先是杜刚、胡永宏让吴长江拿8000万元走人。经过一周的反击，吴长江留守，杜刚、胡永宏二人离开。而杜刚、胡永宏二人离开的前提是，吴长江向两人支付1亿元人民币，剩下的6000万须在2006年6月30日前付清。

虽然吴长江成功留在了雷士，但这场合伙人之间的股权之争让企业元气大伤，至少延后发展了 3 年。事实上，在三个人合伙创业时，吴长江完全可以拥有绝对的控股权，只要他再多出 6 万元，他的股权就能占到 51%，这样就不会有后面的股权风波了。

这场股权风波最根本的原因在于吴长江不懂如何合理地分配股权，科学地切"蛋糕"。他把股权平分，虽然看上去他占了大头，但另外两个合伙人加起来的股份却比他多，这样他就失去了绝对控股权，随时可能会被另外两个合伙人联合起来"扫地出门"。

虽然这一次吴长江险胜，但他却并没有吸取经验教训，在后来的 10 年里，他又因为失去控股权被其他合伙人"踢出局"。2014 年 11 月，吴长江彻底离开了自己辛辛苦苦创立 12 年的雷士照明。

◎ 【合伙人股权设计实操】

其实，关于股权分配是一件非常私人的事情，要考虑很多因素，比如几个人合伙、每个人的能力及付出，很少有放之四海而皆准的方法，只有你自己才能判断哪种分配方式是最适合你的企业的。不过，这里有四大原则可供参考。

● 原则一：股权分配须有明确梯度

合伙人的股权分配绝对不能平分，关于这一点，下面将有章节详细叙述，在这里我只作一个原则陈述。中小企业在进行合伙人股权分配时，一定要有明确的梯度。比如，企业是三个人合伙，那么股权分配比例可以是 5：3：2，或是 6：2：2，但绝对不能是：3.3：3.3：3.3。

● 原则二：股权绑定，分期兑现

中小企业的股权价值是所有合伙人通过努力奋斗得来的，这是一个长期的过程。所以，在进行股权分配时，也要按照合伙人在企业工作的时间进行股权绑定，分期兑现。这样做有两个好处：一是避免合伙人中途离开带走股权，使企业陷入困境；二是能够平衡合伙人之间股权分配不均的状况。

◆ **原则三：要考虑合伙人自身的能力和素质**

虽然资金对于中小企业来说至关重要，但在发展的过程中，合伙人的能力和素质也对企业的发展起着决定性作用。所以，在股权分配上，合伙人自身的能力和素质也是股权分配要考虑的原则之一。

具体来说，合伙人自身的能力和素质包括四大方面（见图5-5）。

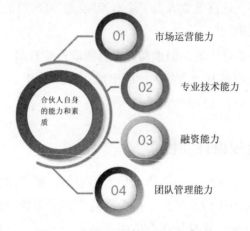

图 5-5　合伙人自身的能力和素质

合伙人的能力不同，对企业做出的贡献也就不同。合伙人不同的能力，在企业发展的不同阶段，起到的作用也不一样。比如，在企业初创时期，有专业技术能力和融资能力的合伙人，对企业的贡献较大；当企业发展到一定规模时，有市场运营能力和团队管理能力的合伙人，更能使企业走上高速发展的道路。

所以，中小企业在分配股权时，要综合考虑合伙人自身的能力和素质及对企业作出的贡献，进行合理的分配。

◆ **原则四：遵守"契约精神"**

股权分配最重要的原则就是"契约精神"。对于合伙人团队来说，股权结构一旦确定，说明股权分配已经形成，接下来合伙人要做的就是遵守契约，认真履行。

5.2 2～5个人合伙，如何分配股权？

◎ 【合伙人股权设计看点】

我们北大红杉为中小企业设计股权已有5年，在这5年里，我们发现很多中小企业前期运营状况非常好，但在后期，往往因为合伙人的股权分配产生无法调和的矛盾，以至于影响企业的正常发展。

经常有中小企业的创始人找我们咨询：2个人合伙，股权要如何分配？3人合伙，股权要如何分配？4个人合伙，股权要如何分配？5个人合伙，股权要如何分配？……

事实上，合伙人股权分配没有一个公式或者一个模型能够适用于所有的企业。关于具体有几个人合伙，如何分配股权，要综合考虑多方面的因素。我们不妨来看看餐饮巨头——海底捞的三个合伙人是如何分配股权的。

◎ 【合伙人股权设计案例】

合伙案例：海底捞，从最差的股权分配调整为最合适的股权分配

1994年，四个年轻人合伙在四川简阳开了一家小火锅店，这个只有四张桌子的小店就是海底捞的第一家店。如今的海底捞董事长张勇因为当时生活困难，没有钱，所以创业时一分钱也没出，另外3个人各出了8000元。创业初期四个人的股权分配是这样的（见图5-6）。

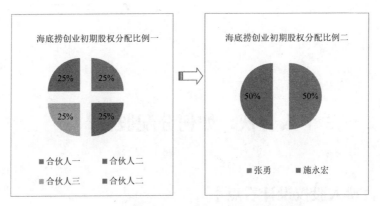

图 5-6　海底捞创业初期四个合伙人的股权分配比例

后来，四个人结成两对夫妻，于是，两家各占 50% 的股权。

在企业经历 10 年发展后，张勇认为另外三个合伙人的能力已经跟不上企业的发展了，于是他毫不留情的让他们先后离开了企业。在另一对夫妻离开的时候，张勇以原始出资额的价格，从他们手里买回了 18% 的股权。这样，张勇成了海底捞的绝对控股股东（见图 5-7）。

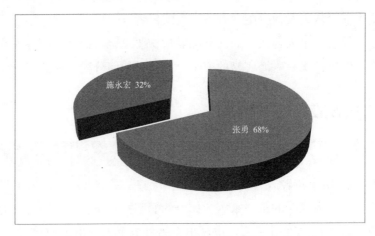

图 5-7　海底捞发展期合伙人之间的股权分配比例

如今的海底捞已经成了餐饮行业的标杆企业，每家海底捞的门店，每天都可以看见排队吃火锅的顾客。海底捞的成功，除了其独特的商业模式——服务制胜外，我认为，作为企业家的张勇对股权进行的改革也起到了关键性作用。

回顾海底捞的股权分配，从创业初期的平均分配各占25%，调整为两个家庭各占50%，再到张勇68%的完全控股。张勇以不可思议的方式解决了股权分配不合理的问题，使得企业走上了良性发展的道路。如果还是按照一开始的平均分配，说不定就没有今天的海底捞了。

◎ 【合伙人股权设计实操】

在具体几个合伙人如何分配股权的问题上，除了上一小节提到的一些股权分配原则外，还需要具体考虑合伙的人数问题。根据我们近几年对中小企业的辅助和调查，发现绝大多数中小企业的合伙人在2～5人之间。下面，我们将说说具体几个人合伙，如何分配股权。

♦ 两个人合伙，如何分配股权？

在中小企业中，两个人合伙是最常见的情况，而两个人合伙的股权分配相对来说也比较简单。

☆ 通常情况下，两个人合伙最正确的股权分配比例

对于大多数情况下的两个人合伙，我们建议其股权分配比例设置为以下两种比例（见图5-8）。

图5-8　两个人合伙的股权分配比例

☆ 特殊情况下，两个人合伙最正确的股权分配方式

以上两种股权分配比例，是针对大多数情况下两个人合伙的股权分配方式，除此之外，一些特殊情况，其股权分配也要特殊对待。

如果合伙的两个人都是全职为企业作贡献，并且一个能力强一个能力弱的话，股权分配比例可以是：能力强占一多半股份；能力弱占一小半股份。

如果合伙的两个人分工不同，有一个全职为企业作贡献，另外一个只是兼职，那么股权分配应该是：全职的合伙人投小钱占大股；兼职的合伙人投大钱占小股。在这里，涉及到一个问题：谁是发起人？一般来说，谁发起谁就是大股东。但也可能存在着另一种情况，发起人兼职，合伙人全职，对于这一情况，有两个分配方式：一是发起人转变成投资人，占少数股份；二是发起人通过分红方式约定，干活多的人多拿钱。

☆ 两个人合伙，需要规避以下 3 种常见的错误分配

错误一：50%：50%。股权平分是两个人合伙最容易犯的股权分配错误，这样的分配，会导致企业无法做出决策。关于这一点，在本章会有专门的章节来讲述。

错误二：90%：10%。这种股权分配，两个合伙人的悬殊太大，不利于小股权积极为企业作贡献，对企业发展不利。

错误三：51%：49%。这是典型的"兄弟情谊"式分法。这种分配方式让两位合伙人都说了算，又都说了不算，在现实中，因为这种分法把企业做死的案例不在少数。

☆ 夫妻合伙，如何分配股权？

在两个人合伙中，还有一种情况是：合伙人是夫妻关系。夫妻合伙，其风险不再是两个人的，而是一个家庭的。另外，股权从婚姻法的角度来说，属于夫妻共同财产。所以，在大多数夫妻合伙的企业中，最常见的股权分配方式是平分。当然，这样的股权分配方式是错误的，最终的结果不是创业失败就是分家散伙。

事实上，对于夫妻合伙，我们首先要弄清楚两个权力：分红权和表决权。

夫妻合伙，正确的股权分配方式是这样的：分红权各占50%；表决权，谁承担的责任更大、谁带头，谁就拥有100%的表决权。

夫妻合伙创业，当企业越来越大时，其中一方的角色要慢慢淡化，毕竟家庭圆满也是很重要的一方面。所以聪明的企业家，夫妻之间，一定懂得退让的艺术。

◈ 3个人合伙，如何分配股权？

3个人合伙，最合理的股权分配是这样的（见图5-9）。

图 5-9　　3个人合伙最合理的股权分配比例

☆ 3个人合伙，需要规避以下4种常见的错误分配

错误一：48%：47%：5%。这样的股权分配会导致企业的决策飘忽不定，而小股东的支持将决定两个大股东的争夺，不利用企业的稳定。一旦小股东不是一个正人君子，很可能以自己5%的股权制衡两个大股东。

错误二：33.4%：33.3%：33.3%。这样的股权分配会导致股权与贡献不匹配的矛盾，如果其中一位合伙人没有作出贡献却可以拿同样多的股权，那么势必会引起另外两个人的不满，从而使三方陷入股权之争。

错误三：95%：3%：2%。创始人吃独食。

错误四：40%：40%：20%。三股东绑架大股东与二股东。

◈ 4个人合伙，如何分配股权？

4个人合伙，对于创始人来说，是最不安全的，股权分配不好，就会导致小股东控制大股东的局面。4个人合伙，最合理的股权分配与3个人合伙是一样的（见图5-10）。

图 5-10   4 个人合伙最合理的股权分配比例

☆ 4 个人合伙，需要规避以下两种常见的错误分配

错误一：25%∶25%∶25%∶25%。这是平均分配股权，上面已经说过。

错误二：35%∶18%∶18%∶29%，这是典型的博弈型股权分配，合作起来大家都不会轻松。

♦ 5 个人合伙，如何分配股权？

5 个人合伙，最合理的股权分配方式叫做"54321"（见图 5-11）。

☆ 5 个人合伙，需要规避以下 3 种常见的错误分配

错误一：1>2+3+4+5。这样的股权分配方式容易造成大股东独裁，一旦大股东决策有误，将会给企业带来灭顶之灾。

错误二：1<2+3+4+5。这样的股权分配方式看起来创始人是大股东，一旦二股东、三股东、四股东、五股东达成一致，就会造成小股东绑架大股东的局面。

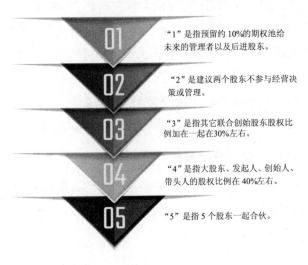

01   "1"是指预留约 10%的期权池给未来的管理者以及后进股东。

02   "2"是建议两个股东不参与经营决策或管理。

03   "3"是指其它联合创始股东股权比例加在一起在30%左右。

04   "4"是指大股东、发起人、创始人、带头人的股权比例在 40%左右。

05   "5"是指 5 个股东一起合伙。

图 5-11   5 个人合伙股权分配方式

5.3 合伙人技术入股，如何分配股权？

◎ 【合伙人股权设计看点】

对于大多数中小企业来说，一个靠谱的技术合伙人是最理想的搭档。因为技术合伙人对中小企业的发展至关重要，如果没有懂技术的人，再好的项目也难以启动。对很多中小企业创始人来说，找到一个最佳的技术合伙人有时候比找人生的另一半还要困难，毕竟，专注于技术的人的思维和混迹于商业战场上的人的思维有着很大的不同，彼此能够"一见钟情"的概率并不是很高。即使你十分幸运地找到了技术合伙人，也不要高兴得太早，因为，一定还有一大堆问题等着你。

在我创立北大红杉的过程中，遇到过很多技术牛人，张口就向我要股份，并且要得还不少，但他们往往说，自己只出技术不出钱。相信任何一个创始人都不愿意接受这样的条件，自己拿着真金白银做项目，合伙人只出技术不出钱，还要分股份。换成你，你会愿意吗？面对这样的合伙人，究竟该怎么办？

在研究对策之前，我先给大家介绍一下什么是技术入股。技术入股主要有以下两种形式（见图5-12）。

第一种就是合伙人以其智力、研究、开发的项目作为股份，向企业进行技术投资，联合研制、开发新产品，共同承担风险，分享效益；第二种是合伙人将自己掌握的现成的技术成果折合成股份，向企业进行技术投资，然后分享效益。

无论是哪一种形式的技术入股，"技术"都被当成一种无形的资产，对于中小企业来说，这种无形资产是宝贵的资源。技术入股不同于货币、实物入股，可以看得见、摸得着，要发现它的真实价值需要漫长的时间。所以，对于技术合伙人，中小企业家在分配股权时要慎之又慎。那么，到底对于合伙人技术入股，中小企业要如何向其分配股权呢？我们先来听听熊飞的故事。

图 5-12　技术入股的两种形式

◎ 【合伙人股权设计案例】

合伙案例：熊飞和技术合伙人股权分配不合理，险散伙

熊飞和朋友老马合伙办厂，熊飞有厂房、设备、资金，但没有技术，所以在和老马合伙之前，熊飞的公司一直开不起来，而老马有技术，还有一些工人和客户，两人一拍即合。在企业成立之初，熊飞是这样分配他和老马的股权的（见图 5-13）。

两人约定，老马负责生产，熊飞负责客户。刚开始的时候合作还挺愉快，但随着公司逐步步入正轨，矛盾就凸显出来了。

原来，熊飞发现老马什么事情都不和自己商量，直接指挥工人干，自己成了上班没人问，下班没人理的闲人。老马不管钱，钱是熊飞的人管，也没有人监督，到了年底分红的时候，熊飞说给老马多少钱就是多少钱……各种各样的矛盾集合起来，让熊飞和老马都特别不是滋味，他们甚至想散伙算了。

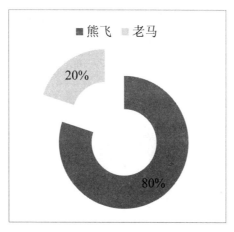

图 5-13 熊总和技术合伙人老马的股权分配

对出资的创始人来说，技术合伙人不出钱的最大问题就是不承担风险，而对技术合伙人来说，最大的风险就是和老马一样——项目前期当自己是宝贝，项目步入正轨后就有可能被一脚踢开。大概看起来，就是技术合伙人被当苦力压榨了。为了保证双方的权利，最好的解决方法就是先小人后君子，在合伙之前就明确双方的权利和义务。像熊飞和老马那样分工混乱，职责不清，是股权分配的大忌。

◎ 【合伙人股权设计实操】

对于合伙人技术入股，我们的建议是即使是技术入股，也应该出一部分资金。如果对方没有足够的资金，我们告诉你一个好办法，你可以先借钱给他，或者由其他股东先帮他垫付，等赚了钱分红时让他先还账。

当然，如果你觉得技术合伙人手中的技术价值特别高，高到你可以不计较他不出钱，那接下来的问题就是技术合伙人究竟该拿多少股权和签订相关协议保证双方权益。对于中小企业创始人到底应该如何分配技术合伙人的股权，以下四个分配要求会对大家有所帮助。

♦ 技术合伙人的股权分配计算公式

我们研究过不少技术入股的企业，有关股权的分配也是五花八门，这里我们为大家介绍一种折中的出资占股计算方案。这个计算公式是这样的（见图 5-14）。

　　例如，一个技术合伙人年薪 50 万，项目没有拿到投资时估值 100 万，他无薪、全职为项目工作一年，算作出资 50 万，那他拿 50% 的股权是理所应当的。

技术合伙人所占股份=（技术合伙人月薪×为项目工作的时长－技术合伙人领取的报酬+技术合伙人的出资）/公司现在的估值。

图 5-14　技术合伙人股权分配的计算公式

◆ 要按照技术合伙人长期的贡献来分配

技术合伙人在项目前期扮演着重要角色，项目一旦进入正轨，技术合伙人的重要性就会相对减弱，如果一开始就给技术合伙人很高比例的股份，会遗留很多问题。

◆ 分配技术合伙人的股权要有前瞻性

做事要有前瞻性，否则会走很多弯路甚至导致失败。中小企业分配技术合伙人股权时也是同样的道理，不能只考虑眼前，还应该考虑到以后加入的人，所以要给技术合伙人合适的股份。

◆ 让技术合伙人一起承担创业风险

如果遇到那些不想出资、不愿意承担风险的技术合伙人，必须要规定其贡献与股权成正比，承担的风险与股权成正比。合伙创业，有一个基本原则：共担风险，共负盈亏。即使技术合伙人没有出钱，只出了技术，也必须要承担一定的风险，相对应的是技术合伙人有权利获得收益。

在这里，我给大家介绍一种最规范最保险的做法——签订合伙协议后到工商登记，委托律师代书协议，尽最大可能规避法律风险。有了协议的约束，出资方就不必担心风险承担问题，而出技术方也不必担心收益问题。

5.4　为什么双方各占 50% 是最差的股权分配方式？

◎【合伙人股权设计看点】

如果我问大家：你与合伙人的股权如何分配？你会如何回答？

相信大多数人的回答是：平均分配。请不要质疑，这是我在《资本盛宴》的课上，向近 100 个中小企业的老板询问得到的答案。

我们都知道，如今是一个"合伙人时代"，已经告别了单打独斗。著名天使投资人徐小平先生曾经说过这样一句话："在今天，合伙人的重要性，已经超越了商业模式和行业选择的重要性，比你是否处在风口上更重要。"所以，许多中小企业，是 2 ～ 5 个人合伙创立起来的。在股权分配上讲究平分天下，于是两个人合伙的各占一半股权，三个人合伙就各占 1/3，四个人合伙，就各占 1/4……这样的股权结构，就是股权平分。

为什么中小企业愿意把股权平分呢？分析起来，主要有两大原因：一是大家出的钱是一样的，企业刚成立，大家的能力和贡献都无法评估；二是企业刚运行，能否持续发展下去还是个问题，谁还有精力关注股权分配问题。基于这两大原因，股权平分就成了中小企业的常态化股权结构。

那么，我们先来说说股权平分的利与弊。

事实上，股权平分对于初创企业来说，是有利的。因为初创企业，股权平分一来可以让合伙人之间感觉到公平，让合伙人之间相互信任，对企业的发展利大于弊。

然而，一旦企业走上良性发展的道路，出现下列情况，股权平分的弊端就凸显出来了，不仅会让合伙人陷入股权之争，还会让企业分崩离析。

1. 某位合伙人的能力与企业的发展不匹配；

2. 企业高速发展，开始大幅盈利；

3. 有新的合伙人加入；

4. 企业要做股权融资时；

......

合伙人一起创业的驱动力，除了共同目标和奋斗情怀外，还包括对经济利益的追求，项目没做成还好说，如果赚钱了，很多人的心态肯定会发生变化，股权平分造成的问题就会暴露出来。

我们曾辅助过这样一家企业，一共有 5 个合伙人，5 个人每人投资 30 万，各占 20% 的股权。在这 5 个合伙人中，有的人为企业做出了巨大贡献，有的只是出钱没有出力。大家约定，创业初期大家都不拿工资，年底分红。经过几年的发展，企业慢慢发展起来，这时问题开始凸显出来。这五个人每个人都说了算，但又每个人都说了不算，一点小事都要开会争论半天，最后也得不出一个结果，企业因此陷入僵局。

所以，中小企业在创业之初，一定要跟合伙人讲清楚，不管出于哪种因素考虑，股权一定不能平分。股权平分除了会让合伙人陷入股权之争和让企业分崩离析外，还会让任何一家投资机构或投资人，都不愿给你的企业投入一分钱。即便你拥有再好的商业模式、再好的团队，就因为股权平分的布局，投资人就会认为你的企业没有未来，没有希望，不能投资。

◎ 【合伙人股权设计案例】

合伙案例：真功夫，世界上最差的股权分配

真功夫，是我国知名的快餐品牌，同时也是规模最大、发展最快的中式快餐企业。不过，近几年，其股权之争的知名度恐怕早已超出了其品牌的知名度。

在 2010 年之前，真功夫以其独特的商业模式和发展前景，吸引了众多股

权投资基金的青睐。2007 年 10 月，真功夫获得了今日资本和联动投资两家
PE 的大额投资。基于如此强劲的发展势头，企业和资本方都决定在 2010 年
上市。

然而，谁也没有料到的是，真功夫会在接下来的股权之争中走向滑铁卢，
上市之路也愈发遥不可及。下面，我们一起来回顾一下真功夫的案例，或许能
够让我们对股权分配给企业和资本的影响进行深入的思考。

真功夫的前身是潘宇海在东莞开的一家甜品店，随后，他的姐姐潘敏
峰和姐夫蔡达标各投资了 4 万元，与潘宇海合伙创业，潘宇海也投资了 4 万
元，于是甜品店改成了快餐店。此时，他们的股权和权责分配是这样的（见
图 5-15）。

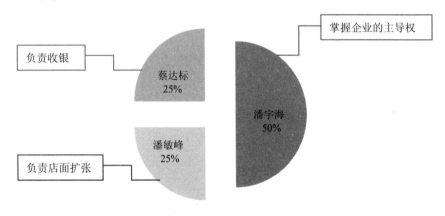

图 5-15   真功夫创业初期三个合伙人的股权分配及权责划分

经过三年艰难的发展，真功夫开始在全国各地开设连锁店，企业走上了
快速发展的道路。在这个阶段，负责门店扩张的蔡达标对企业发挥的作用越
来越大，于是从 2003 年开始，企业的主导权从潘宇海的手中转到了蔡达标
手中。

2006 年 9 月，潘敏峰和蔡达标离婚，潘敏峰所持有的真功夫 25% 的股权
归蔡达标所有。2007 年，真功夫获得了今日资本和联动的 1.5 亿投资，两家
PE 对真功夫的估值达到 50 亿元。此时，真功夫合伙人之间的股权分配是这样

的（见图 5-16）。

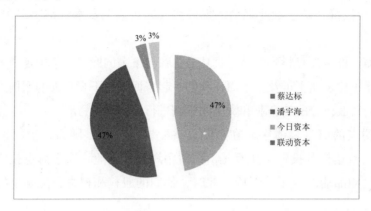

图 5-16　真功夫发展期两个合伙人及 PE 之间的股权分配

天下熙熙皆为利来，天下攘攘皆为利往。PE 作为资本方，追求利益最大化是其最终目的，而 PE 投资真功夫，最看中的也是蔡达标的能力。于是，在接下来的股东会、董事会上，PE 都毫无保留的支持蔡达标。这样一来，作为创始人的潘宇海便逐渐被边缘化。为了进一步拿到企业的绝对控制权，蔡达标开始辞退一些与潘宇海关系密切的中高层管理人员，企图把潘宇海架空。

当然，潘宇海也不是吃"素"的。心有不甘的潘宇海通过翻旧账，控诉蔡达标恶意侵占，并亲手把昔日的姐夫蔡达标送进监狱，蔡达标最终被判刑 14 年。

真功夫的股权之争被媒体争相报导后，很多人认为这是家族企业的特点导致的，不可否认，确实有这方面的因素。但我认为，导致真功夫从发展巅峰走向衰败的始作俑者，不是别的，正是股权分配。

在真功夫两位创始人的股权分配上，两人都是占 50% 的股权，而这种平均分配的股权结构，被称为世界上最差的股权分配结构（见图 5-17）。

合伙人之间平均分配股权，就无法形成制约。如果两个人的意见相同还好说，一旦现出不同的意见，就会导致矛盾。除此之外，在每一家企业中，每个股东对企业的贡献都是不同的，平均分配股权，这对企业贡献大的股东来说是不公平的，这种不公平就会造成股权之争。另外，这样的股权分配让企业里没有核心股东，也容易造成股东矛盾。

世界上最差的股权分配结构：各占50%的股权。

图 5-17   世界上最差的股权分配结构

所以，可以毫无疑问地说，这样的股权分配，不出问题是偶然，出问题才是必然！

◎ 【合伙人股权设计实操】

既然对于中小企业来说，股权平分是大忌，那么，在股权分配时，要考虑哪些因素，才能做到公正合理呢？

我们认为，在股权分配时，除了上几节提到的一些原则问题，合伙人还需要考虑以下几方面的因素。

♦ 谁执行？

在合伙创业中，有一个公认的原则：执行比创意更重要。在实现这个创意的过程中，谁做得多，谁就应该拿到更多股权。

♦ 全职还是兼职？

对于企业的合伙人来说，如果一位合伙人是全职、全身心地为企业工作，而其他的合伙人只是兼职，由于全职的合伙人承担了巨大的风险，同时为企业付出了全部的时间和精力，所以在股权分配上，兼职合伙人的股权应该比全职合伙人的少。至于具体少多少，通常来说，我们建议兼职合伙人的股权应当少于全职合伙人持有的一半。

◆ 资金投入多少？

如果一个联合创始人在企业关键时期投入了资金，你是否觉得他应该获得额外的创始人股权？我们要告诉你的是：你的这种想法是错误的。创始人之间的股权比例要结合每个人对企业的贡献来进行分配，对于联合创始人关键时期投入的资金，我们可以将它视为种子期投资，从而向这部分资金发放对应的可转换债权或者种子期序列的优先股。

◆ 未来的角色如何设定？

事实上，每个合伙人的角色都是基于企业的需求来设定的。比如，企业在创意设计方面有着强烈的需求，而其中一个合伙人就是一位顶级的设计师，那么他就应该获得更多的股权。需要提醒大家的是，企业的需求和合伙人角色的重要性会随着企业的发展、市场的环境等情况而改变，千万不要因为某位合伙人某一次的重大贡献而发放给其过多的股权。

◆ 股权分配要满足哪些人的诉求？

中小企业在进行股权分配时，要考虑四类人的诉求（见图 5-18）。

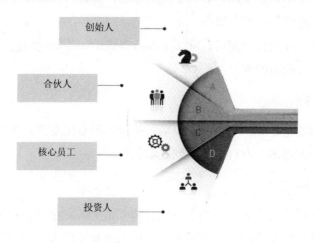

图 5-18　股权分配要满足四类人的诉求

第一类人：创始人。对于创始人来说，最大的诉求便是控制权。创始人要想掌握企业的话语权，在进行股权分配时，就要保证自己最大的股权比例。我们建议创始人的股权比例为合伙人平均持股比例的 2 ～ 4 倍。

第二类人：合伙人。合伙人最大的诉求是企业的参与权和一定的话语权。

第三类人：核心员工。核心员工最大的诉求是分红权。核心员工对企业的发展起着举足轻重的作用，所以中小企业在股权分配时要把这部分股权预留出来，我们建议初次分配完之后同比例稀释预留 10% ～ 25%。

第四类人：投资人。投资人最大的诉求是高净值回报，所以要保证投资人的优先清算权和优先认购权。

5.5　合伙人股权分配的五大死局，如何破局？

◎ 【合伙人股权设计看点】

近几年，我们通过大量中小企业合伙经营的案例，总结出关于合伙人股权分配的五大死局。也就是说，如果你的企业合伙人股权分配属于这五大死局中的一种，那你就应该警惕了——你的企业正处于危险境地，需要你重新对企业合伙人的股权进行分配。

事实上，在股权分配上，没有一家企业敢 100% 保证自己企业的股权分配一点儿问题都没有。即使是如今手机行业的标杆企业——小米也曾经在股权分配上犯过错。下面我们一起来看看小米是如何在面对股权分配死局时破局的。

◎ 【合伙人股权设计案例】

合伙案例：小米从最差的股权平均分配到科学合理的股权分配

雷军在创立小米之前，就曾创办过一家企业，这家企业是他跟三个同学一起创办的。当时谁也不太清楚股权应该如何分配，最后经过大家协调决定这样分配（见图 5-19）。

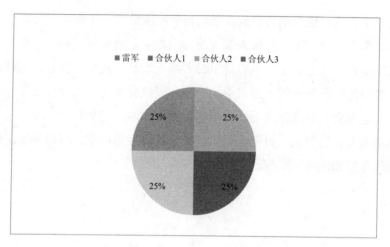

图 5-19　雷军创办的第一家企业的股权分配

结果，这样的股权分配导致一连串的问题出现了：因为股份占比一样，在企业里没有人说了算，使得雷军非常被动。其他合伙人总是认为，企业出现的一切问题都是雷军的问题。最终，企业倒闭了，雷军的第一次创业也宣告失败。

雷军的第二次创业，也就是创立小米，因为有了前车之鉴，雷军吸取了经验教训，在分配合伙人股权时，他是这样分配的（见图 5-20）。

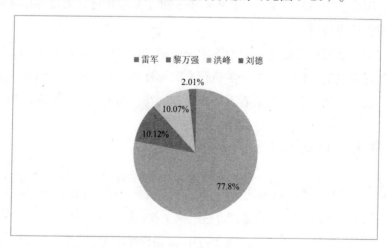

图 5-20　小米的股权分配

或许，正是有了雷军这样的股权分配，才使所有合伙人劲往一处使，使得小米一路水涨船高，公司估值达到几百亿美元。

◎ 【合伙人股权设计实操】

中小企业在分配合伙人股权时，要尤其避免出现"死局"。以下是合伙人股权分配经常出现的五大死局，希望中小企业创始人在创业过程中科学合理分配股权，坚决避免以下五大死局（见图 5-21）。

图 5-21 合伙人股权分配的五大死局

◆ 合伙人股权分配第一大死局：小股东称霸

在中小企业，有这样一种情况，虽然某个股东占的股份比例很少，但在企业里他说了算，我们举例说明一下。

我们今年年初辅助过一家企业，刚开始的时候这家企业有两个合伙人，他们的股权分配是这样的：一个占51%，拥有相对控股权；另一个占49%。后来，随着企业发展壮大，迫切需要一位技术人才。新加入的技术人才也希望拿到企业的股份，跟两个合伙人一起创业。这时，原先的两位合伙人经过商议，每人拿出 2% 的股份转让给这位新加入的技术人才。

这样一来，这家企业的股权分配就是这样的：大股东 49%；二股东 47%；小股东 4%。按道理说，小股东的股份最少，在企业的分量应该最轻。

可是，一旦大股东和二股东发生矛盾出现纠纷，情形就不一样了。大股东和二股东找到小股东，希望他做裁判，这时候你就会发现一个惊人的事实：二股东47%的股份加上小股东4%的股份，正好是51%，而大股东的股份则是49%。这样的股权分配，最终导致企业里面老大和老二说了都不算，而是小股东说了算。谁去联合小股东，谁就会占有控股权。

所以，这样的股权分配是一个死局，是非常危险的，这就是"小股东称霸"。

● 破局之策

针对这一死局的破局之策就是把小股东股份的分红权和表决权分开。

● 合伙人股权分配第二大死局：按资入股

曾经有一家咖啡厅的老板给我们讲了他的困境。他的咖啡厅刚开始运作时，需要创业资金100万，他们有三个合伙人，大股东投入了50万，二股东投入了30万，三股东投入了20万。通常情况下，合伙人会按照各自投入企业的资金进行股份比例的分配。他们三个人也是按照这种方法来分配的（见图5-22）。

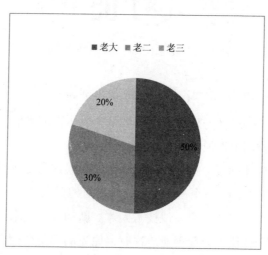

图 5-22　咖啡厅的股权分配

这样的股权分配方式似乎很合理，但事实上并非如此，这家咖啡厅的大股东，不仅投入了 50 万的资金，整个咖啡厅的管理运营也都是他出面解决。他在咖啡厅全职工作，就连周六日也不休息。而二股东和三股东只是开始创业时投入了一笔资金，之后就很少去咖啡厅，也不参与具体的经营，最多就是年底过去拿分红。

时间久了，大股东心里特别不平衡。从出资的角度来看，大家应该按照 5∶3∶2 的比例来分，但从另外一个角度考虑，企业不应该单单按资金投入分配，还应该按人力贡献分配。大股东全身心的贡献，二股东和三股东没有出力，所以这样的股权分配是一个死局。这样的股权分配就是"按资入股"。

● 破局之策

中小企业创始人在跟人合伙时，不仅要根据资金投入分配股权比例，还要考虑人力贡献因素，最终结合各方面综合因素确定每个合伙人的占股比例。我们以咖啡厅为例，投资投入上大股东占 50%，从人力资本的角度来衡量，如果聘请一位店长或总经理来管理这家咖啡厅，前期至少会给这个店长 20% 左右的股份。所以，出资 50 万的大股东，他至少应该占有 ≤67% 的股份，才是比较合理的。

● 合伙人股权分配第三大死局：备胎股东

所谓"备股股东"，是说一些股东经营着多个企业或者投资了多个事业、多个项目，并没有全身心参与到企业的经营中。他们不是全职工作，而是身兼数职。这样的股东，对于中小企业来说是一大死局。他们的心并没有完全放在企业上，也就不能全身心地经营企业。

在如今的经济环境下，创业成功率越来越低。即使所有合伙人都拿出100% 的时间和精力创业也不一定成功，更何况企业里还有几个合伙人没有全身心经营企业。

● 破局之策

对于这样的合伙人，如果其投入了资金，那么可以不用分配股份给他，让他只享有分红权；如果只是投入了资源，那么可以按项目分红；如果既没有投入资金、资源，又没有投入精力，那这样的合伙人你还要他做什么？

◊ 合伙人股权分配第四大死局：影子股东

在创业的过程中，中小企业可能会跟政府部门或者某些协会组织有生意往来，并会给他们一些干股或股份，给他们分红。刚开始企业不大，给他们股份也没有问题，一旦企业做大，问题就出现了。

我给大家讲一个案例。在一期的《资本纵横》里，我收了这样一个"徒弟"，暂且叫他李总吧。李总原本是一位国企的工作人员，离职后创办了一家企业，除他之外，企业里还有两个合伙人，因为这两个合伙人都拥有一定的资源优势，创业初期能给企业带来一部分稳定的收入，所以李总给这两个合伙人分别分配了 15% 和 10% 的股份。李总听完我的股权课程后很纠结，知道这样的股权分配肯定有问题，便向我咨询如何调整。

李总为什么会纠结呢？他的企业一旦做大之后，就等于拥有了两个"影子股东"。所谓"影子股东"，指的是一没出钱，二没出力，还要给他们干股。企业存在 10 年，股份就要分给他们 10 年；企业存在 30 年，股份就要分给他们 30 年。李总觉得非常苦恼，如果不分配，又担心把"影子股东"得罪了。"请神容易送神难"，所以他特别纠结。

◊ 破局之策

对于这样一没出钱，二没出力的"影子股东"，唯一的破局之策就是把他们"请出去"，踢出局。

◊ 合伙人股权分配第五大死局：非出资股东

有一位姓姚的老板，他的企业里有一位老员工，跟着他快 15 年了，现在企业效益还不错，姚总就私底下向我们咨询：应该如何给这位老员工分配股份。我们让他说说自己的打算，姚总告诉我们，他想把这位老员工引入合伙人团队，给予一定数量的干股。我们很直接地跟姚总说：为什么不让这个人掏钱入股？姚总的理由是：我们一起打天下，像亲兄弟一样，如果让他掏钱的话，不太合适。

像姚总这样讲义气、不懂股权分配的老板，大有人在。岂不知，企业存在非出资股东的后果有多危险。试想，有几个人会对白白送来的东西倍加珍惜呢？我经常在我的课程上分享一个理念：交钱才会交心。只有合伙人投入了资金，他才会认识到股权的重要性，从而更加卖力地为企业作贡献。

💧 破局之策

对于股权，上策为卖，中策为换，下策为送。也就是说，若股份能够卖，我们尽量把其卖出去。

如何防止"兄弟式合伙，仇人式散伙"？

合伙创业的目的无非是发展壮大企业，在这个过程中，就会牵扯到很多实际问题。比如合伙人如何进入？如何分配合伙人之间的利益？合伙人股权与贡献不匹配时怎么办？如何将不给力的合伙人"踢出局"？合伙人的权责该如何划分？谈不谈散伙？如何谈散伙？等等。要想解决这些问题，在合伙时就要立好规则，签好协议，这样才能不影响企业未来的发展。

6.1 进入规则：不该成为合伙人的几种人

◎ 【合伙人股权设计看点】

在我们辅助中小企业的过程中，见过无数版本合伙人股权之争的故事。有的因为股权分配问题，有的因为股权结构问题，有的因为贡献和利益不平衡……总之，不管出于什么样的原因导致的问题，我们发现，中小企业合伙人之间之所以频繁爆发股权之争，其根本原因在于他们没有设计合伙人股权的进入机制。这就好比两个人不了解就闪婚，结婚后发现不太合适，想离婚却又不知道该如何离。

如今的中小企业，大多处在"缺钱、缺人"的状态，一旦有拥有资金或技术能力的合伙人愿意加入，创始人无不欣喜若狂。于是，在合伙人的股权进入上，中小企业是"零"门槛，没有任何的进入机制。试想一下，如果你的企业大门始终开着，没有任何规矩，将会是怎样一番情景？答案不言而喻。

中小企业没有设计规范有效的合伙人股权进入机制，将会对企业造成以下四大影响（见图6-1）。

对于中小企业来说，合伙人股权进入机制犹如婚前财产协议，看似"不近人情"，实则是合伙人合理股权分配、稳定企业发展的必要手段。正所谓共识才能共赢，不和者出局。

话虽如此，但绝大多数的中小企业创始人对合伙股权进入机制没有什么经验。在正式讲解如何设计合伙人股权进入机制之前，我们先来仔细研究一下马化腾是如何设计合伙人股权进入机制，用股权打造强大的商业版图的。

图 6-1　不设合伙人股权进入机制对企业造成的影响

◎【合伙人股权设计案例】

合伙案例：看腾讯"五虎"如何用股权打造强大的商业版图

　　故事要从 1998 年讲起，当时马化腾只是一个创业者，在梦想的支撑下，他和同学张志东一起注册成立了深圳腾讯计算机系统有限公司。为了企业的发展，马化腾在腾讯成立两年里，先后吸引了三位合伙人，他们是：曾李青、许晨晔、陈一丹。这五位合伙人被外界称为"腾讯五虎"。

　　当然，这几位合伙人进入腾讯后，股权并不是随意分配的，为了企业的发展和避免彼此争权夺利，马化腾在一开始就设计了很好的"婚前财产协议"，即合伙人股权进入机制，它是这样的（见图 6-2）。

　　除了明确几位合伙人的股权比例，马化腾设计的合伙人股权进入机制还有三个主要原则：一是坚持主要的资金占较大比例股权；二是在股权比例上，马化腾认为，其他四个合伙人的股权加起来要比自己多一点，以避免形成垄断、独裁的局面；三是未来的潜力要和应有的股份相匹配，不匹配就会出问题。

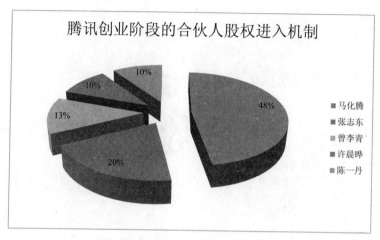

图 6-2 腾讯创业阶段的合伙人股权进入机制

虽然说腾讯的成功并不是完全由马化腾设计的合伙人股权进入机制决定的，但马化腾设计的股权进入机制，既让几位合伙人全心全意地为企业的发展作出贡献，又避免了合伙人之间的股权之争，侧面保证了腾讯的稳定发展。

虽然曾李青、陈一丹、张志东先后从腾讯卸任，但通过他们三人的行为来看，他们与腾讯、马化腾建立了深厚的"革命友谊"。

2007 年，曾李青从腾讯离职创业，成立了德迅投资，但他却是腾讯的"终身荣誉顾问"，而他投资的创业者也大多来自腾讯体系。

2013 年，陈一丹卸任腾讯CAO，但却仍然是腾讯公益慈善基金荣誉理事长，负责腾讯的公益慈善。

2014 年，张志东从腾讯退休。在他发给员工的告别邮件里，他说他将是腾讯学院的培训讲师，将继续向新员工传递腾讯的企业文化和技术理念。

纵观"腾讯五虎"打造强大商业版图的过程，除了其各自的才华和能力外，还得益于设计了合伙人股权进入机制。事实上，只要我们仔细研究一下那些成功的企业，就会发现，凡是合伙人之间没有"仇人"式散伙的，必定都在合伙人股权进入时就有一个合理、规范的机制。

◎ 【合伙人股权设计实操】

中小企业到底应该如何设置合伙人股权的进入机制呢？要设置合伙人股权的进入机制，就要弄清楚哪些人可以是公司的合作者，但不能按照"合伙人"的身份参与股权分配。具体来说，有以下三类人（见图6-3）。

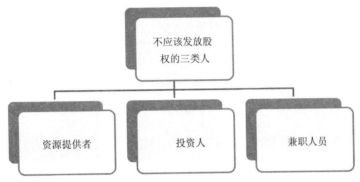

图6-3 中小企业不应该发放股权的三类人

第一类人：资源提供者

中小企业可能要借助很多资源才能发展起来，为了获得资源，中小企业往往会向资源提供者许诺股权，把他们变成合伙人。而实际上，创业是一个艰辛的过程，公司价值的实现需要整个创业团队长期、全身心地投入，资源提供者一般喜好追求短期利益，不可能全职参与创业。所以，我建议中小企业对于资源提供者优先考虑合作方式，可给予项目提成，而不是股权。

第二类人：投资人

天使投资人是可以拥有企业股权的，但是不能以合伙人的方式占有公司股份。也就是说，天使投资人不能跟合伙人一样，按照投资比例来取得公司股份。天使投资人不能按照合伙人的标准低价购买股权，他们购买股份的价格要比合伙人高。

一般来说，天使投资额度会比合伙人投资额度大很多，如果按投资比例分配股权的话，企业的创始合伙人所占股权的比例会大大减少，会形成创始人受制于资本的局面。如果真出现这样的情况，对企业的发展是极其不利的：一来会导致创始人没有了动力；二来如果合伙人受制于投资人，在企业未来的发展中没有话语权，可能会无法保证企业的发展方向。

合理的合伙人与天使投资人之间的股权分配比例应该是这样的（见图 6-4）。

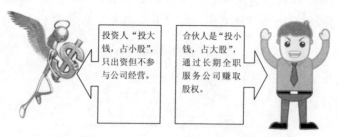

投资人"投大钱，占小股"，只出资但不参与公司经营。

合伙人是"投小钱，占大股"，通过长期全职服务公司赚取股权。

图 6-4　合伙人与天使投资人之间的股权分配比例

简单来讲就是：投资人只出钱不出力，创始人既出钱又出力。

第三类人：兼职人员

兼职人员都是短期利益追求者，不应该按照合伙人的标准发放股权，但对于一些技术过硬、对公司有重大贡献的兼职人员，可以按照外部顾问标准给予少量股权。

6.2　干活规则：合伙中权责应该如何划分？

◎ 【合伙人股权设计看点】

回首创业这条历史长河，我们就会发现，合伙创业的失败者如恒河沙数，但取得成功的也如群星闪耀。失败的合伙创业各有各的原因，但成功的合伙创业却总是相似的，比如他们取长补短、互帮互助、有钱的出钱、没钱的出力，这在一定程度上解决了单独创业不得不面临思想困境、资金困境和人员困境的问题。

在我们辅助过的中小企业里，我们经常看到这样一种现象：创业初期，企业的几个合伙人往往身兼数职，哪里需要去哪里，哪里出问题了去哪里解决。一旦企业步入正轨，走上良性发展的道路，由于合伙人权责不清，则给企业带来灭顶之灾。

2016年，我们曾辅助过这样一家企业。这家企业是做五金生意的，经过5年的努力，企业已经成为当地的标杆企业，发展势头非常好。该企业的创始人本打算在2016年做到省标杆企业，然而残酷的现实却将他的想法击了个粉碎。究其原因，不得不提到他与合伙人之间的权责分配问题。

合伙人张某是创始人李某的同学，因两人有颇多共鸣而联合创业。在创业初期，两人没日没夜的为拉客户、生产而工作，毫无怨言，彼此合作的倒也和谐。但随着企业的发展，特别是当企业成为当地的标杆企业后，张某便开始懈怠，对工作常常是能拖就拖，该见的客户常常忘得一干二净。而李某几乎承担了企业所有执行、决策的工作，常常累得筋疲力尽。

而在每年股权分红时，张某按股权比例拿的分红一分不少，这就让创始人李某感到不公平，心里的疙瘩越结越大。

当李某把情况讲给我们听后，我们告诉他，之所以会出现这种局面，就是因为他们没有一个"干活规则"，企业在起步阶段，大都有着较好的发展前景，然而随着企业的发展，很多问题开始暴露，比如责任不够明确、分工不够细致等，这些问题随着企业发展会越来越严重，最终变得不可收拾。如果合伙之初没有明确的分工，别说做到省标杆企业，就凭现在这种合伙局面，恐怕难以支撑太久。

合伙人要想保持长期良好的合作关系，在合作之初就要在合伙协议上明确说明合伙人的权责。如果没有明确的干活规则，在创业初期，合伙人之间或许会安然相处，而一旦企业步入正轨，会很难决定各自的分工和责任，谁该做什么，不该做什么，将不可避免出现互相扯皮，反目成仇的问题，最终不得不散伙。所谓分工不明，企业难兴，说的大抵就是这个意思。

◎ 【合伙人股权设计案例】

案例：小米"豪华天团"的"干活规则"

2010年4月，雷军创立了小米。如今，小米的估值已经有几百亿美元，成为手机行业的巨头。

纵观小米的发展史，其合伙人之间的配合、合作起到了关键作用。小米一共有七位合伙人，他们分别是：雷军、黎万强、洪锋、黄江吉、林斌、周光平、刘德（见图6-5）。这七位合伙人团队，被业界称为"豪华天团"。

图 6-5　小米的七位合伙人

如此声势浩大的合伙人团队，是如何在保持各自个性的情况下协力发展小米的呢？雷军在一次采访中表示，在他的企业里，合伙人之间都是各司其职、各尽其责。具体来说，这七个合伙人都各自负责各自的领域，独当一面。如果企业没有重大的决策事项，他们彼此之间几乎不知道对方在做什么。这样做的目的是为了保证决策能在最短的时间内完成，提高执行力。

就是这样简单明了、分工明确的"干活规则"，让小米的七位合伙人既彼此合作，又互不约束，使得小米在中国手机市场上稳稳地站住了脚跟，收获了数以万计的"米粉"。

在中小企业合伙人之间的股权之争里，分工不明、权责不清是最大的诱因之一。我们的传统观念认为，既然是合伙人，就说明大家都是企业的老板，都能自己说了算。恰恰是这种思维，让中小企业合伙人之间权责不一，分工不明，管理混乱不堪。虽然小米的"豪华团队"我们无法复制，但我们可以从其"干活规则"挖掘值得我们学习的东西。

◎【合伙人股权设计实操】

俗话说"无规矩不成方圆"，中小企业在创业初期，就制定合伙人之间的"干活规则"，明确各自的权责，能有效避免以后因为分工不明造成的股权之争。确切地说，"干活规则"就如同合伙人的"行动纲领"，不论是共担风险、共享利益，还是共同投资，每个合伙人都必须严格遵守"干活规则"。正确的干活规则应参考每个合伙人的经验、优势和做事风格，根据企业的需要让他们各尽其职，合理分摊责任，以避免重复劳动，提高工作效率，达到人尽其才，物尽其用。

中小企业在制定"干活规则"时，必须遵循以下四大原则（见图6-6）。

图 6-6　"干活规则"的四大原则

◆ 权责要明晰

在"干活规则"里，合伙人之间的分工越明确，彼此合作就越见成效，引发股权之争的概率就越小。通常来说，"干活规则"会对合伙人具体的工作进行描述，但大多描述得不够细致。中小企业特别要注意，在"干活规则"里要对合伙人的各个层面进行深入的探讨，明确每个合伙人的权责。哪里是合伙人的权责范围，哪里是自己的权责范围，对范围内的所有工作进行细化。比如，你的合伙人是负责技术的，那么你就要在"干活规则"里明确他是否负责技术研发、技术创新或技术生产等问题。

◈ 涉及企业发展时，灵活处理

在明确权责之后，灵活性也是关键。为了企业的利益，有时候甚至要模糊界限。比如，某项工作无论是不是属于你的权责范畴，当涉及企业发展时，你都责无旁贷，这时越权处理也无可厚非。

◈ 良好的沟通机制是基础

管理学大师彼得·德鲁克曾说："做企业管理，最重要的除了沟通，还是沟通。"合伙人之间想要和谐合作，必须在"干活规则"里加入沟通机制。合伙人之间由于知识结构、做事方法、性格习惯等各不相同，所以在对待同一个问题时会有不同的想法。如果做不到有效沟通，那么很可能会产生分歧，最终影响到决策的执行。所以，为了合伙人之间的和谐合作，要在"干活规则"里加入沟通机制。沟通机制大致包括什么时候沟通、如何沟通等内容。

◈ 确认目标规则

在"干活规则"里还有一个重要规则是：共同目标，求大同存小异。通俗来说，这就好比结婚，如果对方与你的价值观不同，在生活习惯、思维方式各方面都无法与你达成一致，那么这样的婚姻势必矛盾重重，而且几乎是不可调和的。合伙人之间也是如此，只有遵循一个共同的目标，才能在大局上把握好方向。

在"干活规则"里要写清制定目标的流程，在这方面可以参考我们辅助过的一家运动器材企业。该企业有五个合伙人，在制定公司目标时，他们往往会请专业管理人士做出方案。比如某次的方案是在半年之内将精力放在虚拟设备开发上，针对这个目标，众合伙人开会商议，其中有三个合伙人赞同，另外两个合伙人各持己见，提出了自己的想法，并且借由数据和图标等方式来分析自己的想法。在听取了这两个合伙人的想法之后，合伙人们再次进行了商议，最终投票决定了公司的发展目标。

6.3 管理规则：合伙人股权与贡献不匹配时如何处理?

◎ 【合伙人股权设计看点】

企业的股权往往是一次性发放给合伙人的，但是合伙人对公司的贡献却是分期进行的，这就容易造成合伙人作出的贡献与分到的股权不匹配。而当合伙人发现自己得到的股权与其贡献不匹配时，就会感到不公平，从而引发股权之争。

比如，曾经有一家企业的创始人找到我们，向我们讲述这样一种情况：企业在刚成立时，创始人找到一位合伙人 A，根据当时的出资和职位，A 获得了企业 20% 的股权。经过三年发展，企业规模不断扩大，在这个过程中，A 兢兢业业，为企业付出了很大的心血。后来，企业又吸收了新的合伙人 B，而 B 的股权也是 20%。这时，A 就开始愤愤不平，觉得自己付出那么多，却和晚三年到公司的 B 股权一样多（见图 6-7）。

图 6-7 合伙人股权与贡献不匹配

那么，面对合伙人股权及其贡献不匹配时，中小企业应该如何处理呢？我们先来看看下面的案例。

◎ 【合伙人股权设计案例】

合伙案例：汽车用品厂因合伙人股权与贡献不匹配反目成仇

2012年，来自湖北的两个年轻人在深圳开了一家汽车用品厂，当时陈先生出资100万，占企业60%的股权，韩先生出资80万，占企业40%的股权。创业的前五年，两人同甘共苦，陈先生负责生产，韩先生负责销售，彼此合作的还算愉快。

当企业发展到一定规模后，韩先生认为，企业的订单都是自己长年累月在外面见客户拉回来的，自己的股权才40%，而陈先生只是在企业里坐着催催进度、管理管理员工，却能获得大部分的股权和利益。因此，韩先生心里开始产生不满，进而想退伙，自己单干。陈先生虽同意韩先生退伙，但既不让其带走企业的客户，又不答应韩先生想要的退伙金额，两人就这个问题产生了很大的冲突。

2016年6月，对撤资金额不满的韩先生带着朋友们来到公司，对办公设备和机器进行打砸，导致公司直接经济损失超过百万元，上百名员工无法复工。

合伙人之间因贡献与股权分配不均，往往会引发不可调和的矛盾，从而导致公司经济利益受损，危害合作双方的利益。每个人都觉得自己对公司的贡献大，自己应该多拿点报酬，如果这个矛盾解决不好，合作双方对彼此的信任度会越来越低，最终就只能像案例中的韩先生和陈先生一样反目成仇。

◎ 【合伙人股权设计实操】

合伙人在达成协议后开始合作，希望能够借助彼此的力量使利益最大化，但往往事与愿违，公司经营过程中时时刻刻都会有矛盾产生，特别是涉及利益的矛盾，最为敏感，也最难解决。我们总结了中小企业解决因合伙人股权与贡献不匹配的几种办法，希望能够给合伙人带来一些启发（见图6-8）。

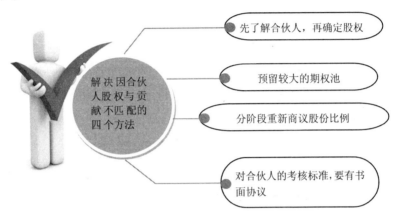

解决因合伙人股权与贡献不匹配的四个方法

- 先了解合伙人，再确定股权
- 预留较大的期权池
- 分阶段重新商议股份比例
- 对合伙人的考核标准，要有书面协议

图6-8　解决因合伙人股权与贡献不匹配的四个方法

● 先了解合伙人，再确定股权

男女双方结婚，往往不会刚认识就去领证，而是先相处一段时间，了解彼此的性格、品行等。合伙人之间也是如此，也需要一个磨合期。在合伙人进入企业时，企业可以与合伙人签订协议，明确合伙人的最短合伙期限，比如一年、三年、五年等。在这个期限内，合伙人的股权可以由创始人代持，或者分期发放给合伙人。

在磨合的过程中，企业可以考察合伙人的能力和对企业贡献的大小，合伙人也可以考察企业是否具有可持续发展力，判断自己的能力是否可以为企业作出贡献。有了这个磨合期，企业就可以根据合伙人对企业贡献的大小和其出资的比例发放股权，这样设定的股权才不会出现股权与其贡献不匹配的问题。

● 预留较大的期权池

面对合伙人股权与贡献不匹配的问题，中小企业还可以采取的一个有效方法就是预留较大的期权池。所谓期权池，是指中小企业在创业初期先将公司股权预留出一部分。事实上，几乎所有合伙创业成功的企业，都会采用这一招，比如京东、360、小米等。预留较大的期权池，对中小企业来说好处颇多。

一是预留较大的期权池会给企业调整合伙人股权留有空间，企业可以对那些为企业作出巨大贡献的合伙人增股。

二是预留较大的期权池可以吸引更多有能力的合伙人加入企业。新的合伙人力量加入老的合伙人团队，就如同将糖倒入咖啡，如果不能充分融合，咖啡必定是苦的。预留期权池让新老合伙人对企业的发展有憧憬，保持干劲，这是中小企业发展壮大的关键。

♦ 对合伙人的考核标准，要有书面协议

合伙人因为贡献与股权不匹配发生矛盾，还有一个原因，就是其中一方觉得另一方本能够或者必须完成某些任务，但另一方却没做到，而另一方觉得对方本应理解、支持自己，却处处被人埋怨。彼此产生期待的落差，导致严重的失落感和失望感，在这种情况下双方的冲突就会不断放大，产生矛盾。这里面有一个问题就是，双方都是基于情感觉得对方应该如何，而没有用理性的标准去衡量。

在合伙行为发生之前为了避免发生此类问题，或者矛盾已经产生之后，为了更好地解决这类问题，中小企业不妨对所有合伙人的岗位、职责、绩效指标、考核标准等经过协商和市场调查做一份科学合理的书面协议，然后各司其职，根据协议内容去履行、衡量、考核每一位合伙人，并采取相应的奖惩措施，以督促合伙人发挥自己的最大价值。

♦ 分阶段重新商议股份比例

除此之外，中小企业还可以根据企业的阶段性发展情况，分阶段重新商议股份比例或其他报酬形式，尽可能按照实际情况对彼此的利益进行新的调配。

6.4   利益规则：如何分配合伙人之间的利益？

◎ 【合伙人股权设计看点】

"天下熙熙，皆为利来；天下攘攘，皆为利往。"不管什么样的合伙人，之所以愿意合伙创业，很大程度上是为了利益。在企业创业阶段，大家为了让企业发展壮大，可以不计得失、不计利益，但只要企业达到一定的规模，利益便成了合伙人之间争夺的焦点。

我们北大红杉自成立以来，每年都要帮助近100家中小企业进行股权设计。在这个过程中，我们听过无数股权之争的理由，比如发展理念不同、分工不合理、合伙人价值观不同等等，但在我看来，这些理由归根结底，还是利益分配问题导致的。所以，中小企业在利益矛盾出现之前，就要掌握一些利益分配的规则。

通常来说，合伙人之间的利益分配不会是相同的，除了初始的资金投入、技术投入之外，合伙人的资历经验、获取资源的能力、对产品和市场的洞悉能力，以及合伙人本身的领导力和人格魅力等方面，都是影响利益分配的因素。

但是，除了资金之外，合伙人其他方面的能力，并没有统一的衡量标准。出于本能，人们往往更加倾向于从自身有利的方面考虑，用自己的优势来作为衡量的标准。由于各合伙人优势不同，衡量标准自然不一样，于是，就会出现合伙人认为利益分配不均的问题，并由此引发合伙人之间的矛盾冲突，从而导致合伙人散伙。

◎ 【合伙人股权设计案例】

合伙案例：利益分配不均，昔日合伙人被告上法庭，企业破产倒闭

2014 年，李某、陈某和王某在苏州合伙成立一家企业。由于当时三个人出资额的不同，三个人的股权分配比例是这样的：李某占企业 70% 的股权，是大股东；陈某占企业 10% 的股权；王某占企业 5% 的股权；剩下的 15% 是预留期权池。

企业经过 3 年发展，到 2017 年上半年，已经达到了一定的规模。这时，陈某和王某开始对大股东李某有意见，原因是李某长期独揽公司的大权，从不进行利益分配。李某每年都以企业没有盈利为由拒绝发放陈某和王某的应得利益，对此，陈某和王某多次提议召开股东会，要求公布公司的经营状况和财务会计报表，但是李某始终没有同意。

2017 年 7 月，陈某和王某终于忍不住了，向大股东李某提出了退股散伙，但遭到了李某的拒绝。鉴于这种情况，陈某和王某一纸诉状将李某告到了法院。最终，三人辛辛苦苦组建的公司不仅散伙，李某还被判决支付大笔的赔偿费用，公司元气大伤，再也无力支撑，不得不申请破产。

从这个案例我们看到，利益分配不均，导致曾经一起为之奋斗的企业破产倒闭。三位创始人曾经怀揣梦想走到一起，而如今只能走各谋发展的道路，这样的结局令人扼腕叹息。合伙创业，很多人都是可以共患难，不能同富贵。为了避免类似情况发生，建议中小企业在合伙创业之前就未雨绸缪，制定合理的利益分配规则，共谋发展。

◎ 【合伙人股权设计实操】

既然我们已经清楚利益分配不均是颗定时炸弹，何不提前把它拆除呢？为了把利益分配不均这一炸弹提前拆除，中小企业可以制定利益分配规则，如何制定？我总结出了以下几点（见图 6-9），希望能给中小企业一点启示。

图 6-9 合伙人利益分配规则的三大要点

● 合伙之初，协定好利益分配原则，并落实到书面上

2016 年，A、B、C、D 四人合伙在深圳成立了一家房地产中介公司。当时，A 出资最多，其次是 B、C、D。公司成立时，四人只是达成了口头协议，A 占公司 40% 的股份，B 占 30%，C 占 20%，D 占 10%。按照这个口头协议，四人分别参与公司的房产销售工作。公司越做越大，后来，B 和 D 的业务能力逐渐提高，销售业绩几乎占了全公司总业绩的 80%，而 A 的销售业绩很差，C 几乎没有什么业绩。

D 觉得原来的股权分配不公平，于是提出以业绩来决定利益分配。A 和 C 觉得这样的方法不妥，强烈反对 D 的意见。由于当时只是口头协议，并没有法律效应，所以四位合伙人僵持不下。最终，D 毅然决然地退出公司，另立门户。

这也给了很多企业警醒和启示：一定要"先小人后君子"，事先要协定好利益分配原则，并落实在书面上，让其具有法律效力。

这一条规则是重中之重，所以我也在反复强调。企业成立初期，合伙人之间一定要制定一些原则性的规定，对于后期影响利益分配的资金、技术、资源等因素，做一个明确的说明。这样，在企业分红的时候，合伙人之间就可以按照相关规定分配利益，从而避免因为利益分配不均发生矛盾。

● 根据出资比例和贡献大小来分配利益

如果只按照出资比例来决定利益分配，就会让付出多的合伙人心理不平衡。这些合伙人会觉得自己为公司贡献这么多，得到的利益却这么少，而那些只出资却占据了大量股权的人，是"不劳而获"。时间长了，这种不平衡感会让企业的合伙关系变质，还会导致企业合伙人之间发生隔阂，最终公司也很难发展下去。

因此，企业需要按照出资比例和对公司的贡献大小来决定合伙人的利益分配。比如，60%按照出资比例来分配，40%按照合伙人对公司的贡献大小来分配，这样就能很好地避免上述问题的产生，同时也能获得合伙人的一致认同，让企业的利益分配更加顺畅。

● 亲兄弟明算账，分红要透明

俗话说"亲兄弟也要明算账"，在合伙创业时，应该将各种规则落实到书面上，尤其是分红问题，这样才能让公司健康地发展下去，出现利益争执时也不会手忙脚乱。

下面我们以合伙买房投资的案例来说明。刘先生和张先生是大学同学，毕业后两人一直在深圳打拼。2010年，刘先生和张先生决定合伙购置房产作为投资。两人购买了一套总价200万元的房产，其中刘先生出资120万元，这120万包括刘先生个人的60万元和向银行借款的60万元，张先生出资80万元。

当时，两人在口头上商定银行借款由刘先生负责偿还，而此处房屋登记为两人共有。三年后，这套房产涨到350万元，这本是一件令人高兴的事情，但两人却为了利益分配问题产生了纠纷，还闹到了法院。

事实上，这件事情最大的问题就在于刘先生和张先生并没有将利益分配方式落实到书面上。中小企业也是如此，在合伙之初，就要拟定一份利益分红协议，利益分红协议的内容大致包括以下几个方面（见图6-10）。

只有将责权约定明晰，双方产生纠纷时才有据可依。

当然，事物是变化发展的，经营企业更是如此，即使我们在创业初期就订立了各种各样的规章制度，也只是起防范作用，却不能一劳永逸。如果在企业发展过程中合伙人因为利益分配而产生了矛盾，一定要及时解决，避免形势恶化，给企业带来灭顶之灾。

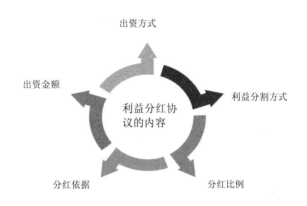

图 6-10 利益分红协议的内容

6.5 罢免规则：如何将不给力的合伙人"踢出局"？

◎ 【合伙人股权设计看点】

曾经有一位企业创始人跟我抱怨，说他的合伙人粗心大意、不讲卫生，办公室简直无法直视，所以，他想请合伙人离开。听了他的话，我哭笑不得，我说你又不是找对象，怎么对别人的生活习惯这么较真？人无完人，我们不能完全用自己的标准去衡量别人，这对别人是不公平的。

如果合伙人在合伙过程中有了矛盾，只要不是原则性的，我认为首先想到的解决办法应该是坐下来好好谈谈，而不是想着散伙。即使是原则性的矛盾，也应该认真分析矛盾产生的原因。之前是否曾与对方就相关问题进行过讨论？他的反应如何？双方关系是否还有修复的可能？真诚的对话永远是解决矛盾的最佳途径，如果双方尚未就存在的问题进行过坦诚的对话，则不宜冒然采取下一步行动。

　　和夫妻过日子一样，如果合伙人之间的矛盾已经到了不可调和的地步，比如，合伙人不称职、合伙人严重失职、合伙人与企业的战略背道而驰等等，这时就不要再勉强维持了，反而是越早散伙对公司发展越有利。这个时候，问题来了：矛盾双方，究竟谁应该出局，谁应该留下？

　　对于中小企业来说，合伙人关系融洽与否关乎企业的生存与发展，共同发展是每个人都希望看到的局面，但不和谐的场景却难以避免。如果合伙人之间的矛盾冲突已经严重影响企业的健康发展，那么，将不合适的合伙人"踢出局"，也许是彻底解决问题的唯一办法。

◎【合伙人股权设计案例】

> 合伙案例：Facebook 创始人马克·扎克伯格三大举措将合伙人爱德华多·萨维林"踢出局"

　　2003 年末，马克·扎克伯格和爱德华多·萨维林、达斯汀·莫斯科维茨合伙创立 Facebook。网站经历一年的运营，业绩非常好，于是三人决定在佛罗里达成立一个有限公司。之后扎克伯格和莫斯科维茨前往加州的帕洛阿尔托市，在那里运营网站，而萨维林则去了纽约的雷曼兄弟实习。

　　就在此时，萨维林做了两件让扎克伯格非常愤怒的事情：一是他在 Facebook 上给自己创立的求职网站 Joboozle 免费打广告，扎克伯格认为萨维林是在另起炉灶跟 Facebook 竞争；二是扎克伯克计划在特拉华州重新组建一个新公司，然后收购原来佛罗里达的 Facebook，但萨维林拒绝合作。

　　由此，两人的矛盾升级，扎克伯格萌生了将萨维林"踢出局"的想法。为了成功地将萨维林"踢出局"，又不使企业受到伤害，扎克伯格做出以下几个举措。

　　首先，扎克伯格自行筹措资金，按原计划在特拉华州重新组建了一家新公司，为了获得萨维林的同意，他解释这么做的原因是公司必须具备灵活调节股权结构的能力，以吸引外部投资，萨维林同意了。

　　其次，扎克伯格自降股份，他的持股从原来的 65% 下降到 51%，而把萨维林的股份从 30% 上升到 34.4%。扎克伯格的这一举动是为了让萨维林签署一份股东协议，萨维林没有想到的是，这 34.4% 只是普通股。作为交换条件，萨维林把所有的知识产权转交给扎克伯格，还同意自己不在场的时候将投票权交给扎克伯格全权处理。

然后，签署股权协议后，扎克伯格先后通过两次大量增发普通股，将萨维林的股权份额迅速稀释到 10% 以下。

至此，扎克伯格已经成功将萨维林"踢出局"。

◎ 【合伙人股权设计实操】

如果你的合伙人团队中也出现了像萨维林这样的人，那么应该如何将他"踢"出局呢？关于这个问题有五大规则（见图 6-11）。

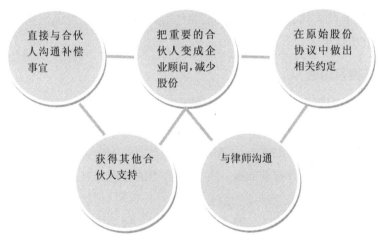

图 6-11　将不合适的合伙人"踢出局"的五大规则

♦ 直接与合伙人沟通补偿事宜

作为企业的创始人，当你准备把不合适的合伙人"踢出局"时，首先要与当事人进行沟通。把你的意向告诉对方，了解对方是倾向于持有公司股份还是更愿意获得现金；然后，按照他对公司贡献的大小，以及为公司服务时间的长短给予相应的经济补偿。在做经济补偿的时候，还要考虑到对方的薪资及在企业工作的现金流水平。

♦ 把重要的合伙人变成企业顾问，减少股份

如果该合伙人在企业的角色非常重要，对企业的发展有着举足轻重的作用，那么我建议中小企业把对方变成企业的顾问，在一定期限内使用现金收购其所持有的大多数股份，允许其保留一小部分股权。

♦ 在原始股份协议中做出相关约定

为了防止合伙人对企业做出巨大伤害，中小企业必须在原始股份协议中做出相关约定，如果合伙人出现违规行为，则不需要提供任何补偿，直接"踢出局"。

♦ 获得其他合伙人支持

与其他合伙人讨论，争取在决定谁"出局"的问题上与他们达成一致，并取得他们的支持。

♦ 与律师沟通

把当前情况告诉律师，为接下来的行动寻求法律支持，并提前准备相关的法律文书。

罢免合伙人，通常会影响团队的稳定性，因此中小企业在决定罢免某个不合适的合伙人之前，要提前布控，并采取恰当的处理方式，最大限度降低负面影响，让其他合伙人愿意继续相信和支持公司。

物竞天择，适者生存，这是大自然的规律，这个规律也同样适用于企业。当某位合伙人已经不再符合企业发展的需要，那么他的离开对企业来说就是一件好事，同时对其本人来说也未必是坏事，重新出发也许会找到更适合自己的发展空间。只是我们在把不合适的人"踢出局"的时候，一定要注意方式方法，千万不要鱼死网破，那样对谁都没有好处。好聚好散才是罢免规则的精髓所在。

6.6 退出规则:谈不谈散伙?怎么谈散伙?

◎ 【合伙人股权设计看点】

俗话说"天下没有不散的筵席",没有谁会永远陪在谁身边,世上万物都有相应的"保质期",合伙创业也是一样。在企业的发展过程中,总会有这样那样的事情发生,合伙人退出也有其必然性。为了使企业继续稳定发展,不因合伙人的离开而陷入困局,未雨绸缪总是好的。

在我们辅助的中小企业里,有这样一家企业。该企业有五个合伙人,企业发展 5 年后,有两个合伙人因为有更好的机会提出退出企业。于是,对于这两个合伙人持有企业的共计 20% 的股权该如何处理,成为大家争论的焦点。两个离职的合伙人说,从企业成立到现在的初具规模,我们既出钱又出力,所以我们要继续享受股东利益,不退股;其他三个合伙人说,他们还要继续把企业发展壮大,你们来打个"酱油"就跑了,不退股继续拿分红,对我们这些继续在企业出力的合伙人不公平(见图 6-12)。双方互相折腾,互相折磨,谁也不肯让步。

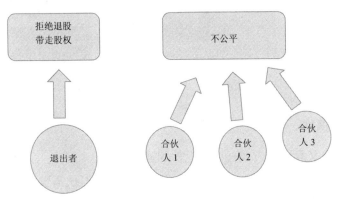

图 6-12 合伙人退出股权矛盾

事实上，这绝非个案。在我们辅助过的近100家中小企业里，有至少80%的创始人表明，不愿意在企业发展初期和合伙人谈论股权退出机制的问题，在他们的潜意识里，还没有创业就想到以后要散伙，太不吉利。其实，设计合伙人股权退出机制，不仅能保障留在企业的合伙人的利益，还能保证公司的稳步发展，而且对退出企业的合伙人的权益也提供了保障，这是一举多得的好事。

如果没有合伙人退出机制，那么一方面可能因为合伙人带走股权对公司利益和其他合伙人的利益造成损害；另一方面，也有可能导致合伙人辛苦工作若干年，却落得净身出户的结局。这是所有创业者都不希望看到的局面。

所以，中小企业提前制定出有效的股权退出机制，能有效避免合伙人在退出之际，因为股权问题产生矛盾，即使不可避免地出现问题也能够"有法可依"地妥善解决。

合伙人退出一般分为两种情况，第一是自然退伙，第二是法定协议退伙（见图6-13）。

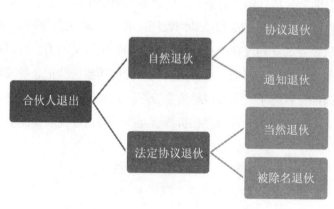

图6-13　合伙人退出的分类

● 自然退伙

自然退伙又有两种方式：协议退伙和通知退伙。

协议退伙是指按照约定的合伙期限退伙，协议退伙需要符合几个条件：符合合伙协议约定；经全体合伙人一致同意；发生合伙人无法继续参加合伙的事由。

另外一种方式是通知退伙，是指合伙的人没有按照约定合伙期限退伙，且没有给合伙制企业事务造成不利影响，要提前一个月（或其他期限）通知其他合伙人。

◈ 法定协议退伙

法定协议退伙也有两种情况：当然退伙和被除名退伙。

当然退伙一般是这样的：合伙人发生意外或者死亡；合伙人丧失偿债能力；合伙制企业被吊销营业执照或者宣告破产等；合伙人在合伙制企业中的财产份额被强制执行等。

被除名退伙通常是指经过所有合伙人一致同意之后将某一合伙人除名。原因往往是该合伙人没有履行应尽的出资责任和义务；该合伙人给企业造成重大损失；该合伙人有不正当的行为等。

◎ 【合伙人股权设计案例】

案例：土豆网上市卡壳，竟是无退出机制惹的祸

2007年8月，王微与杨蕾结婚。婚后仅一年，王微向杨蕾提出离婚。然而，在王微与杨蕾的婚姻存续期间，王微所创立的土豆网成立了全土豆公司，用来获取在中国运营视频业务中所必需的牌照。在这家公司里，王微占股95%，在这部分股份中，有76%涉及夫妻共有财产。

当王微提出离婚后，杨蕾向法庭提起诉讼，要求对王微的股份予以权利主张，于是法院冻结了王微名下三家公司的股权，包括其所持有的上海全土豆网络科技有限公司的95%的股份。

而当时的土豆网正处于发展的黄金阶段——IPO上市，由于法院对王微的股权进行冻结，导致土豆网在缺少资金的情况下，只好将上市计划暂时搁置。而土豆网的竞争对手——优酷网却先于土豆网驶上了高速路。

通过土豆网的案例，我们看到，由于夫妻离婚引起合伙人股权的变动，影响了企业的正常运营，让企业失去了黄金发展期，这也是王微与杨蕾的婚姻被

称为"最贵离婚案"的原因所在。所以，即使企业的合伙人是夫妻，在进入之初，也要设计合理的退出机制。毕竟，谁也不想像土豆网一样被竞争对手超越，让企业衰败。

◎ 【合伙人股权设计实操】

那么，中小企业具体怎样约定合伙人股权退出机制呢？中小企业在设计合伙人股权退出机制时，要遵循以下五大原则。

● 提前设定退出机制

在合伙人进入之初，中小企业就应该设定好退出机制，约定好什么时候合伙人可以退出、退出之后股权该怎么分配等。比如，当合伙人要退伙时，企业要在承认合伙人为公司作出贡献的基础上，按照一定价格回购股份，这是一个基本的原则，不仅关系到合伙人退伙顺利与否，更关系到一家企业的长久稳定发展。

合伙人退伙大致分为三种情况，在不同情况下可以约定不同的分配规则。

（1）公司成立一年内。通常情况下，如果合伙人在公司成立一年内要求退伙，那么无论公司是否有盈利，都应该按原始投入退回资金。

（2）公司成立一年后，尚未盈利。以账面净资产作为公司价值计算退出资金，这里的账面净资产指的是账面有形净资产，不包括无形资产。

（3）公司成立一年后，已有盈利。如果不是上市公司，可以按账面净资产的倍数作为公司价值计算退出资金,这里的倍数要根据公司盈利能力来确定，或者找专业人士评估，也可以根据公司发展适当调整。

如果合伙人能够提前制定好退伙后如何分配股权的准则，那么无论谁离开，公司都不会因此陷入财产纠纷之中。

● 股权应该分期成熟

股权成熟有四种模式（见图 6-14）。

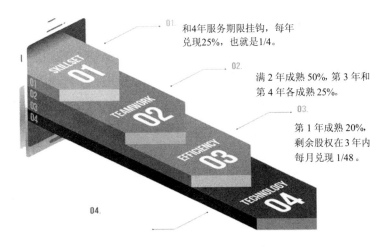

图 6-14 股权成熟的四种模式

◆ 合伙人中途退出,股权溢价回购

对于中途主动退出的合伙人,企业在回购股权时,要特别注意如何确定回购价格。中小企业创始人可以从两个方面考虑:第一,参考合伙人退出时的价格基数;第二,参考溢价或者折价倍数。

◆ 设定高额违约金条款

为了防止合伙人退出公司时,不同意公司回购股权,可以在设计股权退出机制的时候,在协议中设定高额的违约金条款。

◆ 针对不同的退伙类别,进行不同的退出机制设计

除了以上三大基本原则,中小企业还需针对不同的退伙类别,进行不同的退出机制设计。下面,针对几种常见的情况,我们来看一下中小企业在合伙人退出机制上应该如何做约定。

① 持股合伙人离婚。离婚率越来越高的现实,也是中小企业在设计合伙人股权退出机制时需要考虑的问题。根据《婚姻法》的解释:夫妻关系存续期间,如果没有特殊约定,股权被视为夫妻共同财产。这样,如果某位合伙人离婚,那么,他所持有的股权将被视为夫妻共同财产进行分割,这很容易导致合

伙人的公司股权发生变动，从而影响公司的发展。

所以，在设计合伙人股权退出机制时，中小企业可做相关的约定，即要求合伙人与现有或未来配偶约定股权为合伙人一方个人财产，或约定如果合伙人离婚，其配偶可以得到经济利益，但不具有主张公司事务的任何权利。

② 持股合伙人犯罪。如果合伙人中有一人犯罪，被追究刑事责任，其不能或不适合再继续参与公司管理，则应强制其退出，而他的未成熟股权由其他合伙人溢价或折价回购。

③ 持股合伙人去世。从法律上讲，股权属于遗产的范畴。《公司法》也规定，当股权成为遗产后，继承人有权继承股东资格和股权财产。为了避免因股东资格的继承给企业带来不便和隐患，可以提前通过公司章程约定：一旦有一方合伙人去世，他的继承人只能继承股权财产，而不能继承股东权利。

Part 3

股权之术：掌握股权激励落地的
翻转腾挪之术——员工释放

股权激励要不要做，
为什么做？

资本时代，虽然越来越多的中小企业开始关注股权激励，但其对
股权激励的概念及重要性仍然认识不足。股权激励要不要做，为
什么做？是困扰中小企业老板的一大问题。只有解决了这一问题，
中小企业才会放心大胆地去做股权激励，用股权激励做大做强
企业。

7.1 股权激励到底怎么回事?

◎ 【股权激励看点】

2016 年末，全国工商登记的中小企业有 2600 多万家，占全国企业总数的 99% 以上，对 GDP 的贡献超过 60%，对税收的贡献超过 50%……通过这一数据，我们可以直观地看到，中小企业已经是我国经济和社会发展的重要力量。然而，随着经济步入新常态和市场的激烈竞争，中小企业往往面临资金匮乏、经营管理经验不足、品牌弱小等状况。在这种情形下，很难吸引到优秀人才，即使一时招到了人，也会因为待遇低而离职。

所以，随着资本时代的到来，越来越多的中小企业开始关注股权激励。众多中外名企的成功经验证明，股权激励对于吸引、留住人才具有极其重要的作用。对于工资福利较差的中小企业来说，股权激励是一个吸引和留住人才、做大做强企业的"核武器"。

坦率地讲，"股权激励"作为一种激励手段，在当下创业风潮中，似乎已成为一种想当然的事情。然而在大多数中小企业老板的潜意识中，认为股权激励就是把自己的股份分给员工，心有不舍，也担心给自己带来麻烦。说到底，这是因为他们没有真正了解什么是股权激励。

股权激励十分复杂，涉及企业的运营、战略制定、资本的运作、组织结构以及市场环境等方面。我们很少系统地思考股权激励的真正概念，很多股权设计方面的老师、企业和书籍对股权激励的作用和做法进行大肆宣扬，至于其真正概念，则少有人问津。

追根溯源，今天，我们先回归到股权激励的真正概念，先弄明白什么是股权激励？更重要的是，通过对股权激励概念的了解，逆向找出有效实施股权激励必须具备的先决条件，并在此基础上，有的放矢地思考、归纳中小企业做股权激励的操作要点。下面，我们先通过2017年热播的电视剧《那年花开月正圆》来了解一下股权激励。

◎ 【股权设计案例】

股权激励案例："女商圣"周莹为何能让衰败的吴家东院东山再起？

热播电视剧《那年花开月正圆》中，周莹是陕西女首富，她原本只是一个江湖卖艺的女子，误打误撞嫁给泾阳首富吴家东院的少东家吴聘，自此开始了她传奇的一生。当丈夫和公公去世之后，面对内外斗争、人心涣散和黑暗势力的打压，周莹以过人的商业智慧扭转乾坤，并打造了一个商业帝国。

有人戏称周莹为"清末马云"，一方面是因为她在经商方面有过人的智慧，另一方面是因为她和马云一样，深谙股权激励的重要性，她在股权激励的运用上，可谓是给如今的中小企业上了荡气回肠的一课。

周莹在股权激励方面首创银股制。当吴家三院创办的陕西机器织布局被砸后，周莹为了重建织布局，将吴家产业折合成银股，拿出一部分让伙计和掌柜们认购，最终凑齐了10万两银子，重建了织布局。银股制中的"银股"就相当于现在我们所说的"股份"。采取银股制，不仅让周莹凑齐了资金，还将伙计的利益与老板的利益联系在一起，使得伙计更加卖力干活，增强了人员的稳定性与创造性。

折合成银股

图7-1 电视剧《那年花开月正圆》截屏

　　周莹在采取银股制后，吴家各大商号的盈利都得到了大幅度的提升，伙计掌柜们为了抢夺市场，个个像开了外挂。周莹的智慧在于，分切一小块蛋糕激励伙计，然后伙计一起拼搏做更大的蛋糕，这样使大家可以分到更多的蛋糕，接着又不遗余力地去做更大、更好的蛋糕。这样就形成了一个良性循环，像滚雪球一样不断将商号做大做强。

　　纵观周莹的商业智慧，可以发现股权激励贯穿商号经营的始终，包括人才的遴选、规章的执行、激励和约束等都与股权激励密切相关。而这也正是周莹创造商号辉煌业绩的动力所在。

◎ 【股权激励实操】

　　当我们为周莹商号的业绩惊叹之时，千万不要忘记创造这种奇迹背后的股权激励。经常抱怨员工不努力、不敬业、不关心企业生死的中小企业老板，请不要随便下结论说，这是中国文化造成的，更不要从人品上找原因。如果真是这样，为什么同是中国人的华为员工和 BAT 的员工都那么努力呢？这正是股权激励的意义所在。

　　股权激励是每一位中小企业老板需要重视的事情，只有先了解股权激励的概念，知道股权激励的真正含义，你才会放下内心诸多的顾虑，放心地实施股权激励。很多中小企业的老板往往习惯性地以看待企业福利的心态来看待股权激励，但很显然，股权激励与传统的福利是有很大区别的。那么，股权激励的真正概念是什么呢？

♦ 股权激励的两大特征

　　股权激励的概念有以下两个特征（见图 7-2）。

☆ 以股权为载体

　　股权激励是以股权为载体，激励对象通过股权上的权益而获得权益。具体的表现形式为：通过获得企业的股权，获得分红权、投票权或直接获得货币等权益。同时，通过获得股权，激励对象还会产生荣誉感、自豪感等心理权益。

图 7-2 股权激励的两大特征

☆ 以契约为形式

股权激励需要在法律的框架下，通过和激励对象的协调，制定契约并执行。股权激励的契约主要包含"给谁""谁给""给什么""给多少""什么时间给""什么价格给""给了以后出现问题怎么办"等，亦即激励对象、激励来源、激励模式、激励总量、行权期限、行权价格、激励条件、实施决策程序以及股权动态调整机制等。

♦ 股权激励的三大特点

股权激励除了以上两大特征以外，相对于企业的其他激励方式，股权激励还有以下三大特点（见图 7-3）。

图 7-3 股权激励的三大特点

☆ 股权激励是对人的价值的激励

2016 年，中国迎来了"人才市值"时代，创业板中排名前十位的高管（并非企业创始人）向我们展示了这一时代的到来。企业如果仅靠工资来吸引核心人才，基本是不可能实现的，必须要给他们一定的股权，将核心人才的激励同企业的持续增值紧密联系起来，通过企业的持续增值来激励核心人才为企业发展做贡献。

☆ 股权激励既有激励性又有约束性

对于员工来说，要想获得股权，首先必须要好好干。比如在电视剧《那年花开月正圆》里，伙计要想获得股权，必须卖力把茶叶卖出去。这就说明股权激励的另一层含义是：既有激励性又有约束性，它能约束员工的不良行为——如果不好好干，将无法获得股权。

☆ 股权激励分的不是老板今天的股份，而是明天的股份

股权激励是为了激励员工为企业创造更大的价值和贡献，然后从中分得一块"蛋糕"，所以，股权激励分的不是老板今天的股份，而是明天的股份，分的是增量而不是存量。如果中小企业老板分给员工的是存量，那就不能叫"股权激励"，而是吃大锅饭的"平均分配"。分给员工的是明天的股份，而"明天的股份"是老板和员工一起创造的，这里面或许员工创造的价值会更大，而员工却只是分了很小的一部分。

7.2　中小企业做不大，跟股权激励有什么关系？

◎ 【股权激励看点】

自北大红杉成立以来，我们一直致力于中小企业股权设计的指导与辅助。近几年来，随着资本时代的到来，虽然不少中小企业老板已经逐渐认识到股权激励的重要性，但令我们感到遗憾的是，在我们所辅助过的中小企业里，很多

中小企业的老板认为，只有大企业才需要股权激励，自己的企业离股权激励还很远，什么有效的人才机制，什么企业战略目标，都跟自己的企业无关，似乎什么都是浮云。

这种错误的认知导致很多中小企业没有在适当的时机做股权激励，使得企业错过了最佳发展时机，处于"半死不活"的状态。很多中小企业做不大、徘徊不前，这是主要原因之一。

千万不要认为企业小，就不需要做股权激励。事实上，企业越小，越要进行股权激励。因为和大企业相比，中小企业往往是"三无"——无资金、无资源、无人员。在这样的情况下，老板为企业奔波，呕心沥血，员工却缺乏激情和责任心，动力不足，这时要做股权激励；企业面对市场竞争，员工流失率高，高管被竞争对手挖墙脚，这时要做股权激励；企业要进行资本运作、股权融资、奔向IPO，这时要做股权激励……总之，中小企业做股权激励对吸引和留住人才、激励企业业绩提升、促进企业发展有着巨大的意义。

纵观进行股权激励的企业，上下同心，业绩猛增，一片繁荣景象。反观不做股权激励的企业，老板孤军奋战、高管"兵变"、团队士气低落、公司成本剧增、同行高薪挖角、工作效率低下、投资者不愿投资……中小企业要想做大做强，股权激励势在必行。

◎ 【股权激励案例】

股权激励案例：华为为什么能保持高速发展？

华为是一家生产、销售通信设备的民营通信科技企业。近年来，在消费者业务领域，华为年销售收入增长超过40%，市场份额居全球TOP3。从华为公布的2016年财报可以清楚地看到华为的发展有多么惊人（见图7-4）。

华为2016年的销售收入高达5216亿元人民币，比2015年增长38.5%。华为是依靠什么保持这样强劲的发展呢？这其中除了华为在发展过程中没有出现过致命的方向性错误外，还因为创始人任正非先生对企业做了股权激励。

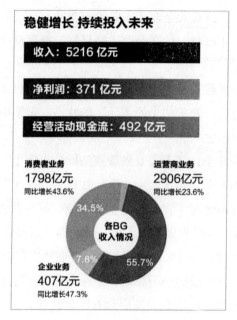

图 7-4　华为公司 2016 年财报

　　任正非 43 岁才开始创业，当时的办公室和生产厂地都是租赁的。在如此艰苦的环境下，华为却把目标瞄准了世界一流的科技技术，这使得当时收入并不高的华为出现了生存危机。华为的员工常常每月只能拿一半工资，有时甚至半年拿不到工资。很多老员工因为耗不住，在发了钱后就离开了公司。前面的人没做完就走了，后来的人又要从头做起，不断出现"烂尾工程"。另外，公司花高薪聘请回来的通信专家，不仅给他在华为高管楼分了房子，还把仅有的几个深圳户口给了他一个，但是产品刚开发出来，这个专家便带着通信部门的技术骨干离开了华为，自立门户。

　　面对这样的危机，任正非一直在思考如何发展企业。有一次，任正非听父亲讲，民国年间的企业都是大老板投资，再请掌柜的。掌柜的不出钱，却每年可以有 4～6 成分红。父亲的话启发了任正非，他立即做了两个决定：一是将自己持有的部分股权转让出去，将拖欠员工的工资置换为员工持有的股份；二是对于离职的员工不拖欠工资。

　　这两个决定很管用，团队人员很快稳住了，分到股权的员工都"勒紧裤腰带"全力以赴投入工作，客户一有需要，就立刻出发，不解决问题不回家。

任正非在 1995 年说："由于资金的不平衡，公司一次又一次面临危机，一次又一次被推到危险的边缘，是谁挽救了公司？是谁暗中保佑？是数千员工之魂托起的气场保佑了公司。"任正非所说的"气场"其实就是指公司通过股权激励形成的同舟共济的平台，把员工个人的前途和公司的命运紧密相连，心往一处想，劲往一处使。

从 1990 年任正非第一次做股权激励开始，华为在股权激励的设计和形式上做了很多改变和调整。这也使得华为在发展的过程中，不断化险为夷，在复杂多变的市场面前乘风破浪，由一棵濒临枯萎的小树苗成长为年净利润达 371 亿元的参天大树。

纵观华为的发展史，我们就可以发现：华为不是做大做强、成为大企业后才开始做股权激励的，而是在它还是一个创业企业，甚至是一个即将倒闭的小企业时就已经开始做股权激励了。可以肯定地说，如果华为没有在还是小企业时就做股权激励，那么它也不可能迅速成长为如今的世界 500 强企业。

◎ 【股权激励实操】

通过以上的案例，我们可以初步得出一个结论：任何企业，尤其是中小企业必须要做股权激励。那么，中小企业做不大跟股权激励有什么关系呢？事实上，这就是股权激励对中小企业的意义所在。下面，我们站在中小企业的立场上，谈一谈中小企业做股权激励的意义。

对于中小企业来说，做股权激励主要有三大意义，即融人、融资和融资源（见图 7-5）。

🌢 **融人：降低人力成本，吸引人才和留住人才，留住老员工，股权"释兵权"**

对于中小企业内部来说，做股权激励的第一大作用是降低人力成本，吸引人才和留住人才。

中小企业通常资金压力比较大，无法持续给管理层和核心技术人员很高的工资和奖励。通过股权激励，企业的管理层和核心员工成为企业股东，将拥有分享企业利益的权利，企业用未来可能产生的预期收益来激励员工做好现在的事，这样就可以降低企业所需的人力成本。

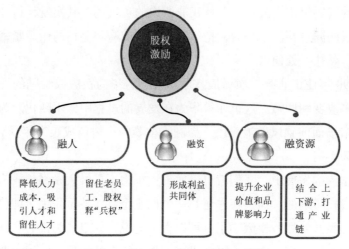

图 7-5　股权激励对中小企业的作用

　　企业通常有两种类型的员工：第一种是听老板话的员工，这种员工一般能力不太强；还有一种是能力非常强，也能为企业创造价值的员工，但是这类员工通常野心大，不太服从企业的管理。对于这些人怎么办呢？

　　中小企业老板可以通过股权把他们捆绑起来，用股权激励来驾驭这些有能力的人，老板要懂得股权激励不仅能使君子受益，也能使小人臣服。

　　深圳 CSR 是一家科技企业，公司科研技术人员 20 多人，员工的工资是企业最大的运营成本。尤其是这几年科研技术人员工资大幅上涨，CSR 如果不涨工资人才就会流失，如果大幅上涨，企业可能会出现现金流断流。怎么办？企业老板在我们的建议下做了股权激励，我们建议工资收入必须涨，但是一部分发放现金以保证科研技术人员基本的生活开销，另一部分折算成相应的股份，这样企业可以省下 45% 的现金，不仅渡过了危机，还留下了大批优秀科研技术人员。

　　对于中小企业来说，做股权激励还能留住老员工。很多中小企业里，都有在创业初期加入的元老级别的老员工。他们在企业刚起步时付出了很多心血，帮着老板一起打天下，但是，企业经过几年的发展，进入到一定的瓶颈期，这些老员工开始变了，有的不遵守企业制度，有的能力跟不上企业的发展。这时怎么办？用还是不用？

如果不用，不仅会使老员工感到心寒，认为自己为企业辛苦打拼，现在不需要我了就把我辞退，还会让新员工觉得老板"冷血"，内心产生波动，从而导致人心涣散。通过股权激励，中小企业的老板给老员工股份，让他们只享受分红的权利，剥夺他们在企业里的具体管理权限，对于老员工是一种安慰，也体现出企业的人性化管理，还能激发新员工的工作热情，岂不美哉？

♦ 融资：形成利益共同体

对于中小企业来说，做股权激励的第二大作用是能把员工变成企业的一分子，形成利益共同体。

当员工拿到股份，他和企业就成了利益共同体，他工作的角度就会发生改变。过去，老板自己辛苦、受累、操心，员工也心不甘情不愿地拿着固定工资，上班来，下班走，加班要加班费。员工只会做跟自己有关的事，公司的成本、资源他们都不在意。很多中小企业的员工当一天和尚撞一天钟，就是这个原因。

通过股权激励，可以让员工成为企业的股东，真正变成自己人，他们的个人利益和企业的利益趋于一致，就愿意和老板一起创造未来，享有未来。说白了，股权激励就是让员工的个人利益与企业利益变成鱼和水的关系。

♦ 融资源：结合上下游，打通产业链，提升企业价值和品牌影响力

对于中小企业来说，做股权激励的第三大作用是结合上下游，打通产业链。过去是"产品为王，渠道为王"的时代，谁占领了渠道，谁就是老大。随着移动互联网时代的到来，颠覆了传统消费者的消费习惯，使竞争不仅仅存在于企业和企业之间，还在一个产业链和另一个产业链之间进行。

你的企业处于整个产业链的哪一端？以前很多中小企业的老板靠信息不对称赚利润差，但随着人工成本以及相关配套成本越来越高，销售越来越难做，中间的利润越来越少。如果我们懂得运用股权激励的方式，那么企业就有可能

摆脱危机，走向新生。

对于中小企业来说，做股权激励的第四大作用是提升企业价值和品牌影响力。一家企业的价值是由什么决定的呢？过去，企业拼的是利润，但是在今天这个资本时代，我们是靠估值。

中小企业的老板要想提高企业的价值，就要想清楚一个问题：什么决定企业的价值？很显然，企业的股东决定了企业的价值。要让自己的企业变得值钱，就要整合企业的股东。如果企业有合伙人是阿里巴巴市场部的前负责人，那么你的企业即便遇到危机，依然能吸引人才，并且在资本市场上拿到投资，通过股权融到资金。

中小企业的老板要通过股权激励，挖掘企业内在的财富，然后进行资源整合，挖掘本行业甚至行业周边的不同资源，实现企业财富的不断增值。

7.3　中小企业为什么要做股权激励？

◎【股权激励看点】

中小企业在做股权激励计划时，首先要明确为什么要做股权激励，也就是制定股权激励的目的。这是做股权激励的第一步，也是最重要的一步。不同性质、不同规模的企业，或者同一企业处于不同的发展阶段，实施股权激励计划的目的是不同的。有的企业做股权激励是为了吸引和留住人才；有的企业做股权激励是为了调动员工的工作积极性；有的企业做股权激励是为了鼓励员工为企业创造更大的价值……

目的不同，股权激励的内容和方式也就不同。所以，中小企业只有先确定股权激励的目的，才能据此着手接下来的工作。如果你对自己企业做股权激励的目的很迷茫，不如我们先来看看阿里巴巴做股权激励的目的，或许对你有所启发。

◎ 【股权激励案例】

1999 年，在杭州一个被称为湖畔花园的小区，18 个人聚在一起，准备一起创业。在动员大会上，一个其貌不扬的精瘦男子激情澎湃，声称要做中国人创办的世界上最伟大的互联网公司，这个人就是马云，这个公司就是如今驰名中外的阿里巴巴。

经过几年的艰苦创业，2007 年 11 月，阿里巴巴在香港上市，上市第一天，其市值超过 200 亿美元，"18 罗汉"也获得了极丰厚的回报。之后，由于资本市场的低迷和企业发展战略的需要，阿里巴巴又进行了私有化，退市了。

2014 年 9 月，阿里巴巴在美国上市，融资金额达 250 亿美元，市值超过 2000 亿美元。跟着马云打拼的核心员工，许多人通过股权激励持有大量股份。其中一位叫蔡崇信的，被称为"最贵打工仔"，他持有阿里巴巴 83499896 股，占比 3.6%，按照股价计算，他的股份价值超过 60 亿美元。

另外，还有上千名老员工分别持有价值 2000 万元以上的股票。根据招股书，阿里巴巴从 1999 年成立就开始实施股权激励，向员工共计发放了 26.7% 的股份，股份价值超过 450 亿美元。

阿里巴巴在实施股权激励时，其目的只有一个，那就是塑造企业文化和价值观，使员工愿意为企业使命、愿景和价值观竭尽全力。

秉承这一目的，阿里巴巴对激励对象、激励模式、激励时间、股权份额的选择和确定都有明确的计划。通过股权激励，阿里巴巴的新员工干劲十足，因为身边获得股票的老员工就是榜样，看得见摸得着。这也使阿里巴巴在这几年里高速发展，成为世界标杆企业。

◎ 【股权激励实操】

阿里巴巴实施股权激励的目的就是回报老员工，感动新员工，树立正能量的企业文化。他们所有的股权激励计划都是围绕这一目的展开的，最终的结果也达到了激励目的。所以，中小企业在做股权激励时，首先要明确自己的目的。那么，如何明确呢？经过我们近几年的实践和调研，发现对于中小企业来说，实施股权激励的目的通常有五个（见图7-6）。如果你不知道你的企业为什么要实施股权激励，可以参考一下，结合自己企业的实际情况，确定其中一个或多个。不过，我们建议股权激励的目的最好不要超过两个。

01 培养员工的主人翁精神，增强团队的凝聚力和战斗力

02 回报老员工，树立正能量的企业文化

03 降低人力成本，减轻现金流压力

04 吸引并留住人才

05 用股权激励"释兵权"

图7-6　中小企业实施股权激励的目的

🔹 培养员工的主人翁精神，增强团队的凝聚力和战斗力

对于企业员工来说，实施股权激励后，他们就成了企业的股东，也是企业的一份子。这时，他们不会再抱着"做一天和尚撞一天钟"的思想工作，而是会尽职尽责地为企业卖力，因为员工个人的利益与企业的利益休戚与共，一荣俱荣，一损俱损。这对培养员工主人翁精神，增强团队凝聚力和战斗力可以起到很好的作用。

如果你的企业员工工作效率低下，团队协作性差，我们建议你把企业股权激励的目的确定为这一个，这对提升企业凝聚力和战斗力的效果是非常明显的。

🔹 回报老员工，树立正能量的企业文化

老员工是企业开疆拓土的功臣，是企业发展的推动者和见证者。在企业这

块"蛋糕"做大后，理应回报老员工，分给他们一块。对老员工实施股权激励，可以杜绝他们在企业里拉帮结派、居功自傲、排挤新员工。

另外，对老员工进行股权激励能调动有经验的老员工的工作热情。俗话说"老将出马，一个顶俩"，经验是多次尝试后萃取的精华，他们的经验，对于工作是效率和保障；对于企业，是无形的财富；对于新员工，则是鲜活的榜样。

如果你的企业现在有一批与你同甘共苦的老员工，那么请不要犹豫，你实施股权激励的目的一定要有这一目的。

◆ 降低人力成本，减轻现金流压力

对于任何一家中小企业来说，现金流和人才都是关乎生死的重要砝码。如果把企业比作是一个人，那么现金流就是血液，人才就是大脑和四肢。没有现金流，企业将无法正常运营，没有人才，企业将难以发展壮大。

但是，大部分中小企业都存在现金流不足的压力。这时，企业就会面临一个困扰：既要马儿跑，又要马儿少吃草。解决这一问题最好的办法就是：实施股权激励。通过持股经营、奖励股份等，可以相应地降低员工的工资、奖金等现金类的报酬，这样就降低了人力成本，减轻了现金流压力。

在这方面，许多知名企业不仅对普通员工进行股权激励，甚至对 CEO 也实施股权激励以减少现金流压力，比如京东 CEO 刘强东每年年薪只拿 1 元。说到这里，可能有人会想：1 元钱怎么养活家人？大家不用为刘强东担心，他虽然每年只拿 1 元年薪，但根据京东的股权激励计划，他已被授予 2600 万股 A 类股权，相当于企业所有流通股的 0.9%。他获得的这笔股权每股执行价格为 16.7 美元。但股权激励计划规定，刘强东只有在京东的价值达到 33.4 美元时才能套现，以获得差价收益。折算下来，刘强东手里的股权至少值 26.95 亿元。所以，刘强东每年基本工资 1 元，只是一种股权激励形式，是企业用股权代替现金工资进行支付。

如果你的企业正面临现金流的压力，不妨学学京东，以这个目的实施股权激励，以减轻企业现金流压力，降低人力成本。

◆ 吸引并留住人才

中小企业缺少人才所带来的问题，往往成为其难以突破的发展瓶颈。另外，

高管人才流动率过高也加剧了这种矛盾，因此，如何吸引并留住人才是令大部分中小企业头痛的问题。

没有人才愿意来企业工作和员工频繁离职，通常有两种原因：一是钱没有给到位；二是心受委屈了。军无财，士不来；军无赏，士不往。在古代，有谋略的首领们都懂得激励士兵之道，会给士兵赏钱、资助其家人等。如今，在衣食无忧中长大的 80 后、90 后渐渐走上企业的关键岗位，随着最近几年创业政策的宽松，胸怀创业致富梦想的年轻人越来越多，传统的"工资＋奖金"的激励方式，已经不能满足企业和人才的需求了。

股权激励既可以让那些心怀创业梦想的员工实现创业理想，还可以让企业形成"着眼未来、利益共享、风险共担"的激励机制，企业所有员工共同做大企业这块"蛋糕"，实现双赢。

♠ 用股权激励"释兵权"

随着企业的发展，一些元老级员工可能会居功自傲，拉帮结派，成为企业发展的绊脚石。如果开除他们，会让新员工觉得企业没有人情味，用完就扔，还会招致元老级员工的反戈，或投靠竞争对手，或自立门户挖走客户。

如果你的企业里正有这样一些元老级员工急需安置，可以对他们实施股权激励。用股权激励"释兵权"，既可以让元老级员工满意，又可以有效平衡企业元老与新秀的天平。

7.4　是不是所有的中小企业都适合做股权激励？

◎【股权激励看点】

股权激励是否真的能够激励员工？实施股权激励对提升公司业绩有多大的影响？能否用可量化的数据评价股权激励的正负面效应？是不是所有的中小

企业都适合做股权激励？

通过查阅大量资料我们发现，学术界对此争议也很大，尚无统一定论。有的观点认为，激励对象的薪酬与公司业绩无关，无论企业业绩如何，激励对象的薪酬收入都是该逐年递增的；有的观点认为，激励对象的薪酬与企业业绩高度相关；还有观点认为，企业股价并不能够完全、真实地反映激励对象的业绩，一般情况下内部管理只影响公司股价的 25%，宏观经济等其他一些人为无法控制的因素，则影响着股价的 70% ~ 80%；有观点甚至认为，股权激励在中国是负效应的，如孙萍在《我国上市公司股权激励效应研究》一文中称："通过变量的描述性统计分析、相关性检验、回归分析等实证方法分析后，发现选取的 16 家样本企业在实施股权激励后业绩均不同程度地有所下降。"

孙萍认为，我国上市企业的股权激励对企业的经营绩效产生了负面效应，也就是说，她所选取的 16 家上市企业通过股权激励计划，并没有达到激励的目的，反而由于股权激励的成本增加，使得企业经营业绩有下降的趋势。

同样，为了弄清是不是所有的企业都适合做股权激励这个问题，我们在 2016 年对我们辅助过的 10 家中小企业进行了调查分析。通过分析这 10 家企业实施股权激励前后各两年的加权净资产收益率，我们发现 10 家企业中仅有 1 家在实施股权激励计划后业绩下滑，9 家业绩上升。9 大于 1，就能说明所有的企业都适合做股权激励吗？

答案是否定的。

我们认为，运用定量分析方法来论证股权激励对公司业绩的影响，由于获取样本、数据和评价方法的差异，以及公司经营业绩受除股权激励之外诸多因素的影响等原因，并不能对企业做股权激励的效应做出准确的评价。而对于中小企业，由于没有公开披露的经营信息，用定量分析方法来评价其股权激励的效应更是不可能。

不同的行业，企业所处的发展阶段，甚至企业文化的不同，都会影响企业的业绩水平，实施股权激励计划的企业业绩没有得到提升、员工没有得到有效的激励，或许并不是股权激励本身的问题。如果不进行系统的股权激励设计和控制，不仅不能达到预期的目标，而且还会结出不少苦果。实施股权激励是有条件的，它需要你对企业的人力资本、发展状况、管控模式做全面的梳理。所以，做股权激励之前，中小企业要对企业的治理结构和治理制度是否健全做科学鉴定，否则，股权激励不仅不能带来预期效应，还会造成恶果。

◎【股权激励案例】

股权激励案例：BC 企业的股权激励，带来负面效应

广州有一家生产型企业，名叫 BC。该企业的 6 名高层管理人员都是企业的创始股东，也就是说，这 6 名管理人员都拥有企业的股权。6 名管理人员各自管理着生产的一个环节。2015 年，BC 企业决定实施股权激励，并对生产线上的员工进行了股权激励。本来，企业这样做的初衷是为了提高生产线上工人的积极性和降低流失率，产生更高的效益，但股权激励实施一年后，生产线工人的流失率并没有得到显著改善，反而由于增加了股份支付的成本，使得企业的利润大幅度降低（见图 7-7）。

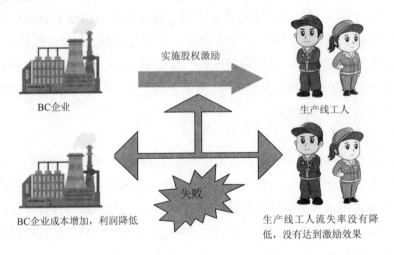

图 7-7　BC 企业股权激励失败示意

BC 企业本属于生产型企业，每个人的工作内容几乎都是固定的，生产线的工人在自己的岗位做好该做的事情即可，过多的劳动没有必要。再加上生产线上的工人，对股权的认识有限，他们更看中每个月的工资能不能提高，对于这种未来的激励方式，他们是看不到的。所以 BC 企业对生产线的员工做股权激励，是没有必要的，不仅达到不激励效果，还会增加股份支付的成本。

◎ 【股权激励实操】

股权激励确实对中小企业在吸引优秀人力、留住人才、激发员工动力等方面发挥着非常重要的作用，但即使是这样，是不是所有的企业都适合做股权激励呢？事实上，股权激励一直以来都是一把双刃剑，企业的股权激励要不要做，需要综合多方面因素考虑才能做出最后的决定。盲目进行股权激励，会对企业造成不可挽回的损失。

所以，我们需要思考的问题就是到底哪些企业更适合做股权激励？

● 适合做股权激励的企业的三大特征

适合做股权激励的中小企业要具备以下三大特征（见图 7-8）。

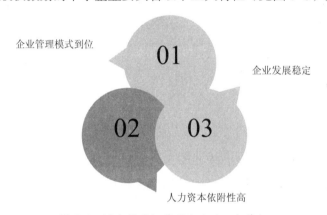

图 7-8　适合做股权激励企业的三大特征

☆ 企业管理模式到位

衡量企业的管理模式做得好不好，可以从三个方面入手：首先，企业的内控系统是否能保证股东的权益不受损害；其次，企业是否有较为完备的管理制度；第三，股权激励对象受到的激励资本是否能和他的工作付出成正比。

因此，建立良好的企业管理模式，不仅需要完善企业的管理架构，还要做好激励对象的监督、考核工作。所以，企业在做股权激励时，必须配合业绩考核结果，用制度说话，不能老板"一言堂"。

☆ 人力资本依附性高

可以说，股权激励是对企业人力资本的二次开发，所以，在进行股权激励之前，企业需要重新对现行的人力资源战略进行审视。如果企业的核心资源是土地、能源、社会关系等，属于资源密集型产业，对人力的需求没有那么大，那么进行股权激励，对企业提升绩效就没有多大的用处。如果企业是劳动力密集型产业，比如科技、服务、培训等，进行股权激励就很有必要了，能够起到调动员工积极性、推动企业二次发展的作用。

☆ 企业发展稳定

股权激励之所以能够发挥作用，是因为激励对象对股权产生了极大的兴趣。假如公司的股份对员工来说没有吸引力，那么，就算股权激励制度再完善也没有用，说不定还会适得其反，员工会想：是不是公司要垮了，是不是老板要跑路了……反而不利于稳定军心。

所以，企业在进行股权激励之前，要先对企业股份的吸引力进行考察。想要股份具有吸引力，离不开企业的良好发展和科学合理的运作模式。企业要能够给员工这样一个印象：企业每天都在赚钱，蒸蒸日上，拥有股权，坐等升值。

♦ 不适合做股权激励的企业的三大特征

不适合做股权激励的中小企业也有三大特征（见图 7-9）。

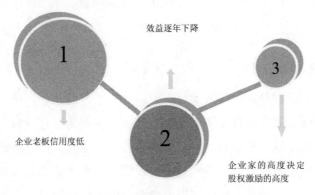

图 7-9 不适合做股权激励企业的三大特征

☆ 企业老板信用度低

一个老板信用很低，喜欢说大话空话，不能兑现自己的承诺，说的话就像是"空头支票"，这样的企业实施股权激励的难度是很大的。员工认为老板是个没有信用的人，就不会把钱投入公司。这时，让员工对老板重拾信心，是要解决的最大难题。

比方说，某老板承诺年底业绩达标的话，就拿出 100 万元奖励员工海外旅行，到年底，业绩达标，结果老板一算账，发现拿出 100 万元后，就不剩多少利润了，于是临时改变说法，对员工说："除了业绩达标外，还要完成相应的利润指标。"很显然，没有一个人完成，员工瞬间就泄气了，背后议论老板不讲信用，再也不会把公司政策放在心上了。

老板想要挽回自己的信用，就必须做到一言九鼎，就算之前做出的奖励政策有误，也必须实施。就拿案例中的企业来说，把 100 万元奖励给员工海外旅行，或许企业一时的利润少了，但是可以及时凝聚员工的合力，然后再对相关政策做出调整，甚至引入股权激励，就会产生事半功倍的效果。

☆ 效益逐年下降

企业的效益逐年下降，股份价值也在降低，企业在这个时候进行股权激励，特别是让员工花钱买股份，员工根本不会买账。而如果换个方式，进行股权分红，让员工享受更多权益，又不用花钱，在一定程度上能够激发员工的积极性，可是企业的损失就很大。特别是在业绩下滑的时候，企业的利润本来就少，还要给员工分一部分，经营成本就会大幅上升。面对这种情况，企业就要从企业自身找原因，比如是不是产品质量问题、售后服务不到位、对市场行情把握不准确、经营模式落后等问题，先找到症结所在，再对症下药。

☆ 企业家的高度决定股权激励的高度

中小企业老板的信念和价值观决定企业的文化和经营目标，企业的文化和经营目标决定企业的经营策略和行为，企业的经营策略和行为决定企业的发展前景。另外，根据吸引力法则，物以类聚人以群分，什么样的老板就会吸引什么样的员工。因此，对于中小企业来说，老板的高度，决定企业发展的高度。

股权激励就像是为企业的"发动机"升级，影响企业的发展速度和发展空间。因此，中小企业的老板一定要沉心静性，从长远的角度重新审视自己的战略目标和企业蓝图，目前企业面临哪些困境？企业现在掌握的资源有哪些？未来企业要达到什么规模？自己还需要引进哪些人才？

对于中小企业来说，老板就是企业的灵魂，如果股权激励的价值取向和老板的价值观不一致，那么股权激励在实施后期很容易出现问题，甚至走向失败。所以，股权激励要不要做，直接取决于老板的高度。只有老板安静下来把所有问题想清楚后，再作出决策，才有可能对企业产生积极影响，否则，股权激励还不如不做。

股权激励什么时候做？
怎么做？

股权激励什么时候做、怎么做才能让股权激励发挥最大效应？中小企业需要从股权激励的设计入手，以股权为核心，考虑股权激励的对象、模式、来源方式、时间周期、份额、授予条件等。中小企业的股权激励只有走好这六步棋，才能掌握全局，真正把员工的利益和企业战略结合起来，形成权利和义务相匹配的所有权、收益权、控制权和管理权。

8.1 该给谁——如何选择并确定需要股权激励的人？

◎ 【股权激励看点】

股权该给谁？这是困扰中小企业老板的一大难题。有的中小企业的老板认为，股权激励应该把股权给企业的高层管理人员和有才干的员工；还有的认为，企业所有人都应该享有股权激励。在这里，我们要告诉大家的是，这两种想法都是错的。

选择股权激励的对象，犹如选择妻子（丈夫），并不是所有的高富帅或白富美都适合做你的丈夫或妻子。股权激励是一种激励方式，既是一种荣誉同时也享有相应的待遇，是对优秀员工的一种肯定，是对达到相应条件的员工的激励，而不是人人有份的分摊。

通常来说，中小企业在选择股权激励对象时，应该根据自身的战略发展需要来确定股权激励对象的入选标准，然后再按照入选标准筛选出符合要求的员工。然而，近几年来，随着股权激励方式逐渐获得大多数人的认可，越来越多的中小企业开始做股权激励制度，股权激励的范围也在逐渐扩大，许多普通员工也被纳入了激励范围。

那么，我们到底应该怎样选择激励对象？有什么工具或方法可以判断激励对象是否符合公司的需求？在这一点上，我们可以通过明清时期山西票号和苏宁股权激励对象的选择来窥探一二。

◎ 【股权设计案例】

股权激励案例1：明清时期山西票号股权激励对象的选择

明清时期，山西票号选择股权激励对象有一套严格、严谨又有趣的程序和标准。激励对象必须是本地人，而且只能是太谷、平遥等地人，在那个年代，本地人方便管理不易流动。岁数不能太大不能太小，太小的自理能力差，管起来不方便，太大的思维、习惯、观点成形，不容易培养，所以必须在14～18周岁之间。为了防止有人虚报年龄，票号里准备了一双铁鞋，如果脚大穿不进去，或者脚小穿不动（说明年龄可能造假），概不录用。每个伙计必须有保荐人，保荐人必须与票号有生意往来或利害关系，而且要对伙计的过错承担连带责任。这样一来，保荐人就必须用心负责。若符合以上标准，再进行笔试和口试。笔试考写字和珠算；口试看面相和反应。心性要沉稳，思维要敏捷，口齿要伶俐，才能最终被确定为激励对象。

股权激励案例2：苏宁股权激励对象的选择

当360、百度、腾讯、当当、阿里巴巴纷纷开始进行股权激励时，苏宁也不甘落后，加入了该行列。2008年8月，苏宁电器首次对在公司服务超过5年以上的248名员工进行了股权激励计划，此次股权激励苏宁电器授予这些员工8469万份股票期权，占苏宁电器总股份的1.21%（见图8-1）。

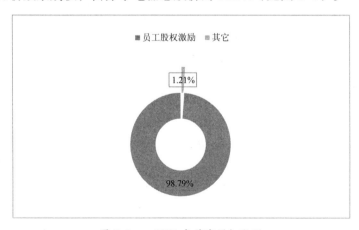

图 8-1　2008 年苏宁股权激励

有了第一次的成功经验，2014 年，苏宁再次启动股权激励计划，这次的规模更大，受益的员工更多。这次完成员工持股计划的股票均价为 8.63 元每股。并且，这次股权激励的对象较上次有重大突破——对员工的就职年限和方式不限，面向所有中高层员工，包括 IT 技术人员、实体店店长、线上运营人员等等，既包括新入职的高管，也包括老员工，这次接受股权激励的员工在 1200 人左右。

苏宁这次股权激励计划涉及资金总额 5.2 亿元，包括自筹资金和银行借款，其中银行借款占到四分之三，并且，苏宁电器董事长张近东先垫付了 3.9 亿元。

在这几次规模宏大的股权激励之后，苏宁员工士气大涨，自 2014 年第三季度以来，苏宁云商的业绩逐年增长，2014 年净利润达到 8.67 亿，同比增长 133.19%。

◎ 【股权激励实操】

透过明清时期山西票号和苏宁对股权激励对象的选择，我们可看出只要是对企业的发展起关键作用的人员都可以作为股权激励对象。从中小企业做股权激励的目的考虑，如果股权激励对象的选择范围过小，很容易造成企业内部薪酬待遇差距较大，降低员工对企业的忠诚度，但如果股权激励对象的选择范围过大，则难以达到激励的效果。

因此，中小企业应根据自身情况慎重决定股权激励对象，主要有以下两个步骤（见图 8-2）。

♦ 第一步：确定股权激励对象的具体范围

中小企业应根据其业务特点与所处发展阶段，确定重点激励对象，并随企业的发展不断调整激励重心。

☆ 初创期企业：股权激励应以技术人员为导向

处于创业阶段的企业，规模一般相对较小，企业主要目标是快速进行产品研发占领市场。企业在此阶段的管理与决策相对简单，并且很多管理与市场工作也是由技术人员兼任。因此，处于创业阶段的企业进行股权激励的对象应是那些掌握核心技术、核心资源的管理层，和对企业技术工作已做出或即将做出重要贡献的技术骨干。

图 8-2 中小企业选择并确定股权激励对象的步骤

☆ **发展期企业：股权激励须管理层、技术骨干、市场营销骨干"三驾马车"并重**

进入发展期的企业，企业管理制度开始建立并不断完善，组织机构趋于稳定，管理工作逐渐加强。这一阶段，虽然技术人员的作用仍然十分重要，但随着企业的继续扩大，管理人员和市场人员的作用也显得同等重要。因此在此阶段，股权激励的重点除技术骨干外，还应包括企业的经营管理层和市场营销骨干。

☆ **成熟期企业：股权激励应加大对企业管理层的力度**

成熟期企业进入大规模生产和销售阶段，治理结构完善，组织结构稳定，人才队伍稳定，制度健全，管理方式复杂化。企业资源最为丰富，但发展趋于平稳、缓慢，面临着二次创业的模式选择。在此期间，企业管理层的决策很重要，因此企业在这个阶段的激励重心应侧重于管理层，以及新技术的研发人员，并加大对企业管理经营层的激励力度。

☆ **衰退期企业：股权激励重点放在关系企业再造的关键人员身上**

企业进入衰退期，其原有技术和产品处于停滞、衰退状况，基于原有业务体系的股权激励，对企业的发展已经不起什么作用了。在此阶段，企业的目标是寻找新方向，开辟新领域，寻求进入新一轮企业生命周期。因此，企业的决策和新技术、新产品的研发对企业来说都十分重要，激励的重点应放在企业经营管理层和新项目的研发人员上，尤其是放在直接关系企业再造的关键人员身上。

事实上，处于衰退期的企业，员工对企业的信心不足，给予股权不如给予现金激励。但是，如果企业成立新的项目公司，新公司的股权激励将再次发生作用。

● **第二步：对员工进行评价，决定最终股权激励人选**

确定股权激励对象的范围后，中小企业就要对激励对象人选进行评价，选择出符合要求的股权激励对象。企业通常会基于职位体系、任职资格体系、考核体系等制度，从职位、任职年限、能力、业绩等方面对员工进行评价，这与企业进行调薪调职时对员工评价的方法类似，本书就不再做具体介绍了。

需要注意的是，股权激励对象的确定需要遵从以下四大原则（见图8-3）。

图 8-3　确定股权激励对象的四大原则

☆ 原则一：对企业发展有关键作用并且难以替代的员工

这是最基本的原则，但是不同行业、不同发展阶段、不同战略的企业对此的理解是完全不同的。下面，我们为大家介绍几类难以替代的员工（见图 8-4）。

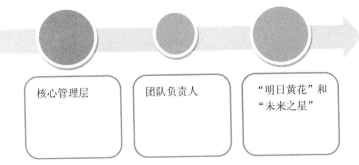

核心管理层　　　　团队负责人　　　　"明日黄花"和
　　　　　　　　　　　　　　　　　　"未来之星"

图 8-4　企业里几个关键且难以替代的员工类型

核心管理层：在原则上，公司的核心管理层，比如 CEO、CFO、COO 等都必须进行股权激励。在这里，我们要提醒大家注意一种情况，比方说你和几个朋友合伙创办公司，另外几个朋友只出钱，没有为公司出过一份力，或者只在创业初期工作过，后来因为能力等愿意退出，这种情况下该不该受到股权激励呢？答案是肯定的，先规则后君子，先小人后君子。好多创业者不明白这个道理，最终导致失败。

团队负责人：那些为企业的发展做出突出贡献的团队，必须给予股权激励。除此之外，那些非业务团队的负责人，比如各个部门的总监，也要进行股权激励。

"明日黄花"和"未来之星"：企业的"明日黄花"包括哪些人呢？没有这些人，就没有企业的今天；有了这些人，企业就绝对没有明天。简单来说，就是企业创业初期，为企业鞠躬尽瘁，死而后已的人。"未来之星"指的是那些有无限潜力，但还没被开发的人，他们或许现在还不是部门负责人，但是他们是企业的重点栽培对象，是企业的明天。对于这类人，企业一定要给予股权激励。

☆ 原则二：基于当前的组织架构考虑

这一点是确定股权激励对象的首要原则。公司的组织架构包括哪些呢？包括研发中心、营销中心、股东服务部、客户中心、咨询中心、人力行政部、企划部、财务中心和总裁办。只要属于中心负责人、部门负责人范围内的，都要纳入股权激励范围。

☆ 原则三：基于五年以后的组织架构考虑

在确定股权激励对象时，要基于企业五年以后的组织架构来考虑。也就是说，目前确定的股权激励制度，不仅要包括上面提到的这些人，还要考虑到公司五年以后的组织规划，为今后的人才引入"预留席位"。

五年之后，你所在的行业发展情况如何？五年之后，你的企业会发展成什么样子？你企业的组织架构是怎样的？

如果五年后，你企业的组织架构是这样的：多一个市场部、多一个设计部、多一个行政部，还多出各种各样的委员会，比如管理委员会、提名委员会、薪酬委员会和审计委员会等等，那么，企业就要根据组织架构的现在和未来，确定要给哪些人进行股权激励。具体来说，按照现在的组织架构，需要激励6个人，五年之后需要激励15个人，那么现在就要把这些岗位预备出来，比如拿出25%，这25%是留给五年后的组织架构的。根据现在的组织架构，实际上是拿出10%的股份进行股权激励，把15%留给未来新设的几位部门负责人。

☆ 原则四：基于企业的发展战略考虑

确立股权激励对象，也不能离开企业的发展战略。企业要激励上下游、投资者等，都要根据企业的战略规划来定。

总的来说，根据企业的组织架构和发展战略，确定股权激励对象后，就要通盘考虑企业的整体预算，明确如何分配才公平，同时还要令被激励对象真正有被激励的感觉，这样才能达到股权激励的作用。

8.2   给什么——用什么模式激励最好?

◎ 【股权激励看点】

解决了股权该给谁的问题，接下来，中小企业要开始思考给什么。根据选用的股权激励模式的不同，股权激励计划的内容、可能达到的激励效果、企业的激励成本支出也存在较大的区别。因此，中小企业做股权激励的一个重要环节就是选择合适的股权激励模式。

如今，由于资本市场的发展，演变出很多股权激励模式，比如虚拟股权、股权期权、业绩股票、强制性持股、经理层收购等。但对于中小企业来说，我们认为其可用的股权激励模式主要有八种。为了方便大家根据自己企业的具体情况正确选择，我们根据分取利益与取得股权所有权的前后关系，把这几种股权激励模式分为以下三大类（见图8-5）。

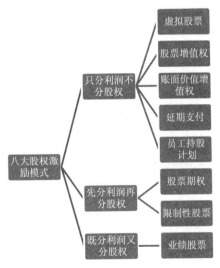

图 8-5   适合中小企业的八大股权激励模式

◆ 只分利润不分股权

只分利润不分股权的股权激励模式主要有：虚拟股票、股票增值权、账面价值增值权、延期支付、员工持股计划等。

① 虚拟股票

虚拟股票的重点在"虚拟"二字，与实股具有的法律效力不同，企业通过协议或承诺来实现。

中小企业根据员工所作出业绩和达成的目标给予其一定数额的虚拟股票，员工可借此参与公司分红，虚拟股票升值后的收益也归员工所有，但是这种激励形式是不具备所有权和表决权的。除上述利益之外，转让和出售都不被允许，而且一旦激励对象离开企业，这部分股权就会随之失效。

总体说来，虚拟股票的激励形式比较典型，因为只有收益权而不涉及其他，所以优缺点都比较明显。没有所有权和表决权，也就意味着公司的总资产和所有权结构不会受影响，这对于中小企业来说是一项优点。而拥有收益权则意味着员工可以将之兑换成现金，这样一来就会增加公司的现金支出压力。

对员工来说，这样的股权激励形式更符合他们的意愿，因为其手中的股票与证券市场并没有太强的关联性，而是取决于公司的收益。

② 股票增值权

股票增值权从本质上说也是一种虚拟股票，员工被授予的也是一种权利，不用实际购买股票，只需要通过行使这种权利来获得相应的收益，其收益来源于期末公司股票的增值部分。也就是说，被激励对象在股价上涨时能够享受收益，但是在股价下降时也需承担一定的风险。

但是，股票增值权有着与虚拟股票不同的地方，那就是被授予对象不参与公司分红。这一点与股票期权类似，只是前者的收益来源是企业，而后者的收益来源是证券市场。

③ 账面价值增值权

账面价值增值权是指直接用每股净资产的增加值来激励员工，很适合非上市中小企业。由于账面价值增值权不能流通、转让或继承，员工离开企业将失去其权益，因而有利于减少骨干员工的流失，具体操作也方便、快捷。

④ 延期支付

延期支付是指企业将员工的部分薪酬，特别是年终奖、股权激励收入等按当日企业股票市场价值折算成股票数量，存入为激励对象单独设立的延期支付账户，在预定的期限届满后或在该激励对象退休后，以企业股票形式或按照期满时的股票市场价格以现金方式支付给激励对象。这一激励模式促使员工更注意企业的长期发展，减少了激励对象的短期行为，有利于长期激励，留住人才。

⑤ 员工持股计划

员工持股计划指企业根据计划安排股权，使得接受激励的员工能够持有一定数额的股票，但获得途径并不固定，既可以由员工自己出资购买，企业提供部分补贴，也可以由公司直接赠与。获得这类激励的员工拥有的股份与实股类似，能够参与公司决策表决，还具备分红的权利，但相应地也需要承担相关的风险，比如说因经营不善或是受市场大环境影响的企业亏损或是股价下降等。

所以，从这个意义上说，员工持股计划其实是一种所有权的分享，目的是建立一个利益共同体，使股东、员工以及企业三者的利益休戚相关。

◆ **先分利润再分股权**

先分利润再分股权的股权激励模式，主要有股票期权和限制性股票两种。

① 股票期权

所谓期权，其实是一种应用于企业管理中的金融衍生品，如今已经有了相当规范的运作方法，颇受中小企业的欢迎。事实上，这并非是企业给予激励对象股权，而仅仅是一种行使权。通俗地说，就是激励对象可以在规定的期限内按照既定价格购买公司股票的权利，这个权利既可以使用也可以放弃。

当然，这种激励形式的实施是有一个假定前提的，那就是企业的股票确实具备内在价值，并且能够在证券市场上有所反映。如此一来，才能够使激励对象意识到股票升值能够为其带来利益，从而使得他们尽全力为企业作贡献。除此之外，还需要满足另外几个基本条件，中小企业才能够顺利用股票期权进行股权激励。

首先，要有法律法规上的允许，确保整个流程以及各个环节都有法可依。

其次，要得到证券市场有效、真实的反映，确保公司股票确实具有价值。

最后，企业要有足够的成长空间，确保股票能够不断增值。

② 限制性股票

顾名思义，这类股权是有限制性条件的，由中小企业或无偿、或低价给予员工，虽然是一次性给予，但是兑现却是分阶段的。只有被授予者满足了其规定的条件、达到了其限制的服务期限，才能够将之出售并获益。这里所说的规定条件，其实就是业绩目标的限制，只有完成了既定的工作目标，才算是满足了规定条件。

♦ 既分利润又分股权

既分利润又分股权的股权激励模式只有业绩股票一种。

这种模式适用于那些在工作业绩上有明确指标的员工，其实现的条件是完成事先规定的业绩指标。它不像限制性股票那样有明确的服务期限制，只要能够完成业绩指标就能够获得相应的股票。业绩股票在有着明显的激励效果的同时，缺点也非常明显：一是有些人为了达到业绩目标，可能会弄虚作假；二是成本较高，极有可能造成现金支出的压力。

以上适合中小企业的八大股权激励模式，各自有着不同的特点和适用范围，并没有绝对的优劣，企业需要根据自身的内外部环境、所要激励的对象，结合不同模式的机理来选择最优的方式。现在我们将八种股权激励的外在激励效果和内在操作特征做一下比较（见表 8-1）。

表 8-1　八大激励模式对比

激励模式	激励度	约束性	现金流压力
虚拟股票	中	弱	强
股票增值权	中	中	强
账面价值增值权	中	中	强

（续表）

激励模式	激励度	约束性	现金流压力
延期支付	中	强	强
员工持股计划	强	中	中
股票期权	强	中	中
限制性股票	强	强	弱
业绩股票	强	强	中

总体而言，无论是哪种激励模式，都有其适用性和局限性，企业应该结合实际情况，使用一种或多种激励模式。下面，我们通过小米股权激励模式的选择，来启发大家思考自己的企业应该用什么样的股权激励模式。

◎ 【股权设计案例】

股权激励案例：和每个员工分享利益的小米

小米公司自 2010 年 4 月成立以来，创始人雷军就在许多场合表示：小米公司和员工一起分享利益。在小米成立之初，就进行了股权激励计划。小米最初的 56 位员工，拿出自己的钱一共 1100 万美元投资了小米。有的员工听说自己的公司要进行全员持股计划时，甚至卖掉自己的嫁妆投资小米。

那么，小米公司具体是怎样进行股权激励的?

首先，小米在薪酬制度中将股权作为主要内容。小米公司向员工提供了三种可供选择的薪酬模式（见图 8-6）。

对于这三种薪酬模式，据不完全统计，有 10% 的人选择了 A，80% 的人选择了 B，剩下的 10% 选择了 C。

其次，小米公司的股权激励门槛比较低。比如，公司的客服人员只要工作满半年以上，表现突出，就可以获得相应的期权。雷军说："一个优秀的人在互联网公司，至少相当于 50 个平庸的人。"

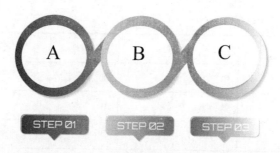

高于其他公司的工资　　2/3 的报酬+股权　　1/3 的报酬+股权

图 8-6　小米公司的股权激励方式

小米公司的股权激励很大程度上改变了员工是打工者的状态，使员工成为公司的老板，加强了员工的主人翁意识。这样的股权激励模式使得小米公司发展迅速，成功完成了几轮大额融资，而入股小米的员工，如今股权已增值百倍。

◎ 【股权激励实操】

经常会有中小企业的老板问我们：哪一种股权激励模式最好？其实每种股权激励模式都有其独特的优点，同时也存在不足之处，就像人们穿衣服一样，没有哪一件衣服是适合所有人的，每个人只有选择适合自己身高、肤色、年龄和场合的衣服，才会有最好的效果。

上面我们已经对适合中小企业八大经典的股权激励模式进行了介绍，那么在实施股权激励时，中小企业要如何选择适合企业现状的股权激励模式呢？要做到这一点，须掌握以下四个原则（见图 8-7）。

♦ 目标导向原则

中小企业须明晰实行股权激励要解决的问题及达到的目的，然后据此选择股权激励模式。如果目的不明确，仅仅是因为看到其他企业都在搞股权激励，本着实施股权激励对企业一定会有好处的目的，最后极有可能促进不了企业发展，只是相当于发了一次福利。一旦明确了实施目的，就一定要坚持以目的为导向来确定激励模式，例如明确了实施目的是提升企业业绩，那么就不要搞成回馈老员工式的福利性质激励。

图 8-7 选择股权激励模式的四大原则

● 多样化原则

企业选择股权激励模式，并不是只能选择单一模式，而是可以选择多种模式。企业应根据实际情况、不同激励对象的特点，灵活采用不同的激励模式。例如针对经营者和高级管理人员，股权激励的主要目的是要产生正面激励与反面约束的双重效果，可采用"限制性股票、业绩股票"等股权激励方式。针对一般员工，股权激励不应该作为主要激励手段，因为他们得到的股权并不多，企业整体业绩与其个人工作、收入的关联度太低，所以，企业可通过员工直接购股或设置期股的方式让员工有机会分享企业的利润。

● 阶段性原则

不同发展阶段的企业，股权激励模式的选择也不同（见图 8-8）。

● 与时俱进原则

由于中小企业的规模、组织架构、业务形态等方面都在不断发生变化，因此同一家企业采用的股权激励模式也应该随企业的发展进行相应调整。一般来说，企业从创业开始，会经历从合伙制企业、股份合作企业向有限责任公司的过渡。这期间，企业的治理结构是在不断演变的，不同阶段发挥核心作用的员工群体也在发生变化，因此企业股权激励的激励重点、激励模式也应该做出相应调整。

可选择的股权激励模式：赠
予股份、技术入股、期股等。

初创阶
段企业

发展阶
段企业

成熟阶
段企业

可选择的股权激励模式：业绩股票、
股权、员工持股计划、延期支付、账
面价值增值权、虚拟股票等。

可选择的股权激励模式：业绩股票、
股票期权、股票增值权、延期支付
计划等。

图 8-8　不同发展阶段的企业股权激励模式的选择

8.3　拿什么给——股权从哪儿来?

◎ 【股权激励看点】

在我们做股权设计的这几年里，每每提及股权激励，中小企业的老板问得最多的便是：用于股权激励的股权从哪儿来？是不是要把我的股权拿出来分给员工？

用于股权激励的股权来源直接影响原有股东的权益、控制权及企业现金流等，所以大多数中小企业的老板在股权来源上面颇有顾虑。既想实施股权激励，又怕把自己或股东的股权给员工后，自己会失去对企业的控制权。

事实上，中小企业不必担心这个问题，用于股权激励的股权有多种来源，中小企业大可根据自己企业的实际情况，选择一种或多种来源。

一个理想的激励股权来源方案，应该具有以下三个特点（见图 8-9）。

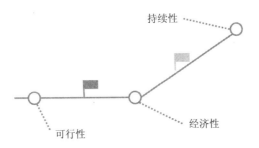

图 8-9　激励股权来源方案的三个特点

可行性指的是激励股权的来源符合现有的法律法规要求，执行和操作的难度低；经济性是指在同等情况下，企业付出的成本越低越好；持续性是指激励股权来源必须是长期而稳定的，受外部因素的干扰较少。

而事实上，单独选择任何一种激励股权来源方式，都各有其优缺点，因此要实现股票来源的可行性、经济性和持续性，需要多种方式组合使用。

一般来说，上市企业股权激励的股权来源方式根据规定，有以下四种（见图 8-10 ）。

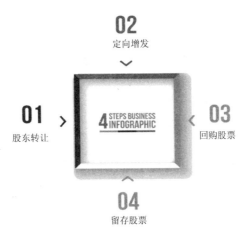

图 8-10　上市企业股权激励的来源方式

对于没有上市的企业来说，虽然没有二级市场可供回购的股份用于股权激励，但同时也没有上市企业的诸多监管限制，股权激励的操作比较简单。只要原有股东协商一致，符合《公司法》的要求就可以。这是非上市企业实施股权激励的一个重要优势。那么，对于没有上市的中小企业来说，该如何确定激励股权的来源方式呢？我们先来看看广西的 JS 企业是如何做的。

◎ 【股权激励案例】

股权激励案例：JS 企业增资扩股用于股权激励

广西 JS 企业的注册资本为 88 万元，2012 年净资产只有 160 万元，2013 年企业决定对 8 个核心员工实施股权激励。根据企业的实际情况，企业采用增资扩股的方式来解决股权来源问题。由于企业确定以净资产作为激励股权的价格，共授予他们 12% 的股权，即每个百分点为 1.6 万元，企业共增加投入的资金为 19.2 万元，这也是 8 名激励对象总共要交的购股款。

由于金额不大，每个激励对象都能支付得起。企业注册资本金增加到 100 万元，原有股东仍持有企业注册资本 88 万元，占企业股权 88%，激励对象只是持有其"投资"增加的企业注册资本 12 万元这一部分。如果企业原有股东直接转让企业注册资本 12 万元给激励对象，那么转让完成后，原有股东持有企业注册资本就仅占企业股权 86.36%，明显比 88% 少。JS 企业选择增资扩股不仅保护了原有股东的利益，同时还扩大了企业的资金规模（见图 8-11）。

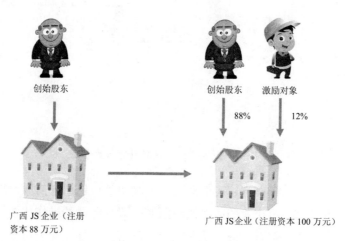

图 8-11　广西 JS 企业股权激励增资扩股示意图

◎ 【股权激励实操】

JS 企业根据实际情况，选择增资扩股作为激励股权的来源。这是一个很好的选择，既能很好地保护原有股东的利益，又扩大了企业的资金规模，还对员工起了激励作用，可谓是一举三得。

那么，中小企业应该如何选择符合可行性、经济性和持续性三大特点的激励股权的来源呢？下面，我们将中小企业激励股权的来源做一个介绍（见图 8-12），大家可以参照每一个来源的特点，选择一个或多个来源。

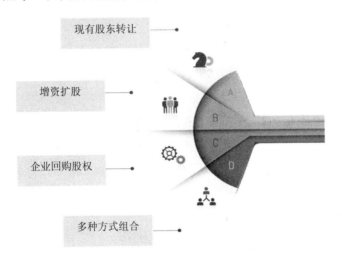

图 8-12　适合中小企业的四种激励股权来源

♦ 现有股东转让

现有股东转让是指企业现有的全体股东按照同等比例拿出一部分股权授予激励对象。比如，我们辅助的深圳 CC 企业有 5 位股东，占企业 100% 股权，企业需要对 12 位员工实施股权激励。企业注册资本是 8000 万元，金额比较大，而激励对象的收入不高，支付能力不强。结合其他因素，我们建议企业全体股东共拿出 10% 的股权分配给激励对象，这样一来，原有的 5 名股东的股权就由 100% 降至 90%，另外 10% 赠予激励对象，当然赠予是有附加条件的，必须通过股权业绩考核。

◆ 增资扩股

中小企业一般注册资本比较小，如果直接从原来的注册资本中拿出部分股权给激励对象，会使现有股东的股权比例大幅下降，现有股东不容易接受。如果股权激励额度太小，又难以达到激励效果。这个时候可以选择增资扩股的方式，让激励对象以投资者的角色增加资金投入，扩大企业注册资本，扩大的那部分注册资本分配给激励对象，现有股东对应的注册资本不变。上面案例中的JS企业就是典型的通过增资扩股的方式来进行股权激励的。

◆ 企业回购股权

企业回购股权是企业向原有股东回购股权激励所需数量的股权，回购的股权由大股东代持或者由专门设立的持股平台持有，根据股权激励计划，该部分股权在将来某个时间转让给激励对象。

另外，企业还可以选择大股东代持股权激励预留股权的方式。比如，企业预定股权激励分两期完成：第一期授予100万股，第二期授予200万股，企业可以一次性向其他准备转让股权套现的股东收购300万股，第一期授予激励对象100万股后，剩下的200万股由大股东代持，等第二期授予时就直接用这部分预留的股权。

◆ 多种方式组合

由于以上三种股权来源各有利弊，有时企业单独使用任何一种都不合适，这时就可以同时运用两种以上的方式来筹集股权激励所需的股权。

8.4　什么时候给——如何确定股权激励的时间？

◎ 【股权激励看点】

一对夫妻想要生一个健康聪明的孩子，首先要提前补叶酸，进行体检，最关键是要在最佳生育年龄怀孕。中小企业股权激励也和孕育孩子一样，要做好相应的准备并且选择好时机，才能孕育健康智慧的团队。

许多中小企业的老板认为，只有企业发展到很大规模时才需要股权激励，其实这是一种严重的误解。就像时下有些人认为"有房、有车、有事业、有存款之后才能生孩子"的想法一样，如果 60 岁才达到这些要求还来得及吗？中小企业也是如此，只有尽早找准时机用股权的力量激励团队，才更有可能把企业做强做大。

那么，对于中小企业来说，什么时机才是做股权激励最好的时机呢？我们根据实践和研究，认为下表中的六种时机是中小企业推出股权激励的最好时机（见表 8-2）。

表 8-2　实施股权激励的重要时机及原则对照表

推出股权激励时机	原因
股权融资时	有效优化股权结构和企业法人治理水平，有利于吸引投资者并提高估值。
并购重组时	并购重组的难点在于不同团队的整合，为了消除收购团队和被收购团队之间的冲突，股权激励是非常有效的黏合剂。
企业转型时	当企业发展需要转型时，往往会人心浮动，此时，股权激励便是留住优秀人才、重整旗鼓的有效措施。
战略规划推出时	激励团队成员努力工作，让他们与企业股东同舟共济，努力达成企业战略目标。
力争上游时	可以巩固、激励大家同心同德在行业混战中迅速崛起。
谋求生存时	让团队成员明确目标，重振团队成员的信心，激发大家的动力，以求得生存和发展之机。

经常有中小企业的老板问我们，股权激励是企业上市后做好还是上市之前做好？其实各有利弊，上市之前做股权激励，在方案设计和实际操作上相对复杂一些，需要更高的操作技巧，但激励效果更好，因为有原始股的激励效应，同时企业也有更灵活的操作空间。上市后做股权激励主要根据《上市公司股权激励管理办法》的框架设计，灵活操作空间比较小，股权定价比较方便，激励对象套现也容易。上市后做股权激励属于锦上添花，而上市之前实施股权激励

则是雪中送炭。结合大多数中小企业的实际情况来看，我们认为企业上市之前实施股权激励更重要，效果也更好。

知道了股权激励的时机，接下来，我们还要确定股权激励的几个关键时间点，我们先来看看 FHSY 是如何做的。

◎ 【股权激励案例】

股权激励案例：FHSY 股权激励成功的秘密何在？

北京 FHSY 是一家科技企业，该企业倡导以人为本的人才战略，目前已经拥有完备的科技人员队伍和科研研发体系。

从 2010 年开始，FHSY 想要扩大规模，研发新技术、新产品，为了调动员工的积极性和创造性，决定实施股权激励。在激励对象的选择上，FHSY 确定为企业高管人员、科研人员及核心人才。FHSY 把股权的有效期定为 5 年，其中前 2 年为禁售期，后 3 年为解锁期。到达解锁期后，如果激励对象满足股权激励计划规定的条件，则可以分为三次解锁，并且解锁的数量不能超过股票总数的 20%、35% 和 100%。FHSY 股权激励计划的解锁条件是每年的平均净资产收益率不能低于 10%。除此之外，FHSY 还规定，如果激励对象出现违法违规行为，将失去授予或解锁资格。

自从实施股权激励后，FHSY 在 2011 ～ 2013 年的平均净资产收益率都超过了 10%，也就是达到了解锁条件，首次解锁的股票共计 153689 股。

通过这样的股权激励计划，FHSY 很好地吸引了优秀人才并留住了核心人才，使得企业的新技术、新产品在预定的时间内上线。2013 年，企业在市场上占据了很大的份额，企业保持稳步发展。

◎ 【股权激励实操】

通过 FHSY 的股权激励计划，我们可以清晰地看到一些关键的时间点，比如有效期、解锁期、禁售期等。FHSY 的股权激励之所以有效果，其根本原因就在于他们把股权激励的几个关键时间点根据企业战略目标设置得相当出色。

股权激励作为一种由不同的时间点组成的长期员工激励制度，要达到很好的效果，股权激励的时间点就必须经过巧妙的设计，既要达到企业长期激励的目的，又不会使员工感觉遥不可及，还要确保员工的努力能够得到回报。一般而言，股权激励中会涉及以下时间点（见图8-13）。

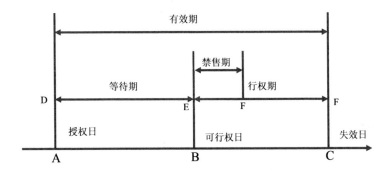

图 8-13　中小企业实施股权激励的关键时间点

中小企业在做股权激励时，应该如何确定这八大时间点呢？下面，我们将一一陈述。

♦ 授权日

授权日也称授予日，是中小企业向激励对象授予股权激励的日期，即上图中的 A 点。股权激励的生效日为企业股权大会审议通过之日，股东大会审议通过后，再召开董事会，由企业董事会确定一个具体的日期为股权激励授予日。授权日是一个非常重要的时点，行权期、失效期等时间段，一般以股权激励计划的授权日为起算点，而不是以股权激励计划的生效日为起算点。

对于中小企业来说，授权日没有法律的限制，企业可以根据实际情况自由确定，一般为股权激励协议签订日，但在分批向激励对象授权时，授权日的确定应该注意以下三点：

一是授权日应当是工作日，在非工作日授权会引起不必要的麻烦。

二是授权日与企业战略目标的起始日要一致，这样会使企业的战略目标与股权激励计划在时间的安排上相对应。

三是授权日与企业考核日期相对应，以保障大家有个良好的心态来为股权激励开端。

◆ 有效期

股权激励的有效期是指从授权日起，到股权激励失效时止的整个时间段。通过图 8-13 可以知道，有效期是指从 A 点到 C 点的这个时间段。中小企业在做股权激励时要明确股权激励的有效期。根据规定，上市企业股权激励的有效期为 1 ～ 10 年，非上市企业没有相关的硬性规定，但经过我们实践证明，要有理想的股权激励效果，有效期不宜太长也不能太短，一般 3 ～ 5 年比较适宜。

中小企业需要注意的是，股权激励的有效期要与企业战略目标所需要的时间基本一致，以保障企业运用股权激励推动战略目标顺利完成。另外，股权激励的有效期不应该超过激励对象与企业签署的劳动合同的有效期。

◆ 可行权日

行权期是指等待期满次日起，至股权有效期满之日止这一时间段，在此期间每一个交易日都是可行权日，满足条件的员工可行权，也就是图 8-13 中的 B 点。中小企业可行权日没有法律的限制，企业可以自由确定。中小企业在确定可行权日时可以通过下面两种方法：

一是以授权日（上图的 A 点）为基准若干年后。中小企业可以将可行权日确定在股权激励授权日后 2 年、3 年或更长的时间，但不要少于 12 个月，也不要超过 60 个月。

二是以考核目标达成为依据。中小企业可以将企业的业绩指标和激励对象的考核指标作为可行权的前提条件，达到相关标准的时间就自动确立为可行权日。

◆ 等待期

股权激励从授权日到可行权日的整个期间就是等待期，也就是图 8-13 中从 A 点到 B 点的这个时间段。设立等待期不但可以体现"能者多劳多得"的企业文化，还能延长股权激励期限，令优秀人才更长久地服务企业。对于等待期的确定，虽没有法律的规定，但不可随意确定。原则上，最长等待期限应该和公司阶段性战略目标的完成时间相一致，而最短的和分批行权的股权激励计划的等待期，一般不低于一年。根据我们多年的实践，我们建议中小企业对于10 年有效期股权激励计划的最短等待期设为 3 ～ 5 年，将 5 年有效期的股权激励等待期设为 1 ～ 2 年。

♦ 禁售期

禁售期又称强制持有期，指激励对象行权之后，必须持股一段时间，并且在此期间不得转让、担保或偿还债务，也就是图 8-13 中的从 E 点到 F 点的时间段。关于禁售期的长短，每家企业不尽相同，但大多在半年到 3 年之间。例如，阿里巴巴的禁售期是 24 个月，百度、盛大的禁售期是 6 个月。

中小企业在确定禁售期时，可以根据激励对象可承受的期限确定。对于中小企业来说，禁售期越长，就能越长久地将激励对象的利益与企业长远利益捆绑在一起，但是，禁售期太长会使激励对象的股权价值长期难于兑现，甚至使本来可以实现的利益落空，影响他们的积极性，削弱激励效果。所以，中小企业应该在企业整体利益和激励对象个人利益之间找到一个平衡点，让股权产生理想的激励效果。

8.5 给多少——如何确定股权激励的份额？

◎ 【股权激励看点】

解决了给什么，如何给的问题，下一个问题就是给多少。给多少包括股权的总量和个量，直白地说，就是中小企业应该拿出多少股份做股权激励？每个激励对象给多少股权合适？

对于中小企业股权总量和个量的份额，一旦测算错误，将会给企业带来不可挽回的损失。广州的一家化工材料企业给就是一个血淋淋的教训。

◎【股权激励案例】

股权激励案例：因股权激励数量确定失误，失去企业控制权

广州有一家化工材料企业，起初是夫妻共同创业，丈夫周涛（化名）担任CEO，妻子王冠（化名）管理财务和采购。企业经过几年发展，已经初具规模。2014年，夫妻两人想扩大生产规模，于是增加了管理团队和研发人员。2015年，夫妻两人决定对企业的员工实施股权激励，一来可以吸引人才和留住核心人才，二来可以降低人力成本。之后，企业对副总、销售总监及财务总监等18位核心团队成员实施股权激励。

由于这18位股权激励对象有6位是刚进企业不到半年的"业界高手"，为了将他们与企业的利益进行有效绑定，夫妻俩决定给每个"业界高手"3%的股权，其他12位元老级的老员工是企业的大功臣，每位给2.5%的股权。股权激励实施后，夫妻俩还有52%的股权，仍是控股股东（见图8-14）。

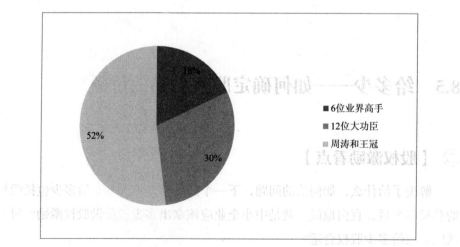

图8-14　某化工材料企业股权激励的份额

2015 年 9 月，企业销售量大增，但是回款比较慢，占用资金太多，企业现金流越来越紧，为解燃眉之急，企业不断引进风险投资。截止 2016 年 6 月，企业共引进 8 家投资机构，共持有企业 18% 的股权，投资机构还与企业签订了对赌协议，如果企业年度业绩达不到约定的金额，大股东周涛和王冠承诺用自己的股权进行补偿。

接下来，由于几个大客户的负责人出现变动，再加上整个行业形势不太景气，并且企业 12 位老功臣与引进的 6 位"业界高手"窝里斗——12 位老功臣认为新进的 6 位"业界高手"寸功未立，股权份额却比他们多，内心很不平衡，经常闹情绪——于是，企业的业务精英纷纷辞职，导致企业劳动纠纷不断。

2017 年 4 月，企业在 18 位核心团队成员的不断争斗中，没有完成约定的业绩，周涛、王冠夫妻俩把自己手里的大部分股权补偿给了风险投资，失去了企业的控制权。这是一个由于股权份额给错而带来的血淋淋的教训，希望给大家带来一点启发。

◎ 【股权激励实操】

由上面的案例我们可以看出，股权激励的份额直接影响股权激励的力度和企业控制权的问题。如果股权激励份额过少，就达不到激励的效果；如果股权激励的份额过多，必然影响公司控制权，从而影响公司后续的资本运作。因此，科学合理的股权激励份额决定着股权激励计划的成败。

那么，中小企业到底要如何确定股权激励的份额呢？

♦ 确定股权激励总量

股权激励总量，是指中小企业可以用于股权激励的股权占总股本的比例，这与企业总股本的大小有密切关系。虽然不同行业、不同规模、不同发展阶段的企业授予的股权总量有所不同，但是无一例外，企业对股权问题的测算不能越过下面这条红线（见图 8-15）。

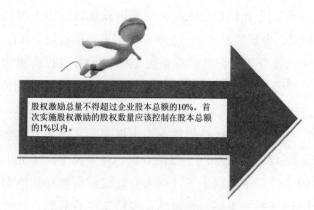

股权激励总量不得超过企业股本总额的10%。首次实施股权激励的股权数量应该控制在股本总额的1%以内。

图 8-15　中小企业对股权总量的确定

同时，中小企业确定股权总量通常会用以下两种方法：

☆ **以员工总薪酬水平为基数来确定股权激励总量**

中小企业可以以员工总体薪酬水平作为基数乘以系数来决定股权激励的总量，其计算公式如下（见图 8-16）。

图 8-16　以员工总薪酬水平为基数来计算股权激励总量

至于系数，可根据行业实践和企业自身情况来决定。有研究表明，在实行股权激励的企业中，工作 10 年以上的员工所拥有的公司所有权价值是其年薪的 1.5 倍；工作 20 年以上的，其拥有的公司所有权价值是其年薪的 4 倍。实行股权激励的企业一般每年的股权支出是其总薪金支出的 1/10 到 2/100。采用股权激励总量与员工总体薪酬水平挂钩的方式，可以使企业在股权激励的应用上有较大的灵活性，同时又保证了激励总量与企业的发展同步扩大。

☆ **基于企业业绩来确定激励总量**

中小企业设立几个不同级别的业绩目标，在规定的期限内达到哪个目标，那么董事会就授予管理层和员工对应比例的股权，类似于企业收购并购中的对赌协议。这种方式更符合股权激励的目的，但要注意业绩目标的合理性，而且股权激励额度要与业绩目标的实现难度相匹配，否则员工可能会因为目标过高或付出与回报不匹配而丧失积极性。

◆ 确定股权激励个量

在确定股权激励总量后，中小企业就需要计算各个激励对象具体的股权激励数量了。原则上，企业对股权个量的测算不能越过下面这条红线（见图8-17）。

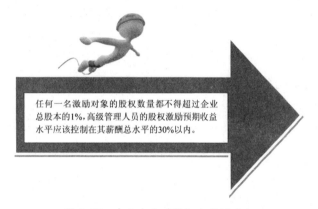

任何一名激励对象的股权数量都不得超过企业总股本的1%，高级管理人员的股权激励预期收益水平应该控制在其薪酬总水平的30%以内。

图 8-17　中小企业对股权个量的确定

确定股权个量的方法主要有以下三个：

☆ 直接评判法

这种方法比较直接，也是最简单、最粗糙的一种激励方法，即董事会综合评判后直接决定每个激励对象的股权激励数量。这种方法一般都是考虑员工的职位、业绩、竞争对手等情况之后，根据可供分配的股权激励总量，决定每个激励对象的获授数量。

☆ 根据工作岗位来确定

先确定股权激励总量，然后确定激励对象范围、分配到各岗位的总额度（一般根据所在岗位人数及重要性确定），可将激励对象岗位分为高级管理层、中级管理层、核心技术层及核心营销骨干层等几类，最后根据具体情况设计各岗位上激励对象应授予的份额，其计算公式如下（见图8-18）。

图 8-18　设计各岗位激励对象应授予份额的公式

个人分配系数 = 个人工资系数 ×40%+ 个人不可替代性系数 ×60%

比如，CC 企业 2017 年实施股权激励计划，经董事会研究决定，高级管理层分配的股权激励总量为 600 万股，共有 3 名激励对象：A、B、C。三人的月平均工资 50000 元为工资系数 1，A 的工资为 75000 元，那么 A 的工资分配系数为 1.5，不可替代系数为 1.5；职员 B 的月工资是 50000 元，其工资分配系数为 1，不可替代系数为 1；职员 C 的月工资为 25000 元，工资分配系数为 0.5，不可替代系数为 0.5.

那么，A、B、C 三人的分配系数分别为：

A=1.5×40%+1.5×60%=1.5；

B=1×40%+1×60%=1；

C=0.5×40%+0.5×60%=0.5；

该岗位总的分配系数 =1.5+1+0.5=3

A、B、C 三人的股权激励数量分别为：

A=600 万股 ×1.5÷3=300 万股；

B=600 万股 ×1÷3=200 万股；

C=600 万股 ×0.5÷3=100 万股。

从上面计算可以看出，"工资系数"是比较好确定的，只要算一算员工的平均月工资就能搞清楚，难点在于如何确定每个员工的"不可替代系数"，因为这是一个非常主观的判断，弹性太大。

☆ **期望收入法**

期望收入法是通过预先设定激励对象股权激励收入的期望值，并预测股权激励到期时的每股收益，来测算应该授予激励对象的股权数量。具体计算方法是，先假定激励对象行权时应获得几倍年薪的期望收入，再预测行权时的每股收益，用期望收入除以每股收益即得出应授予的股权激励数量。其计算公式如下（见图 8-19）。

图 8-19 用期望收入法计算股权数量的公式

如果你想给企业的某一位员工授予股票增值权，当时股票市价为 10 元，预期 3 年后股票增值权到期时的市价将为 20 元，你希望该员工在股权激励到期日能从该计划中获得相当于其年薪（20 万元）1.5 倍的收入，由此应授予（20 万元 × 1.5）÷（20 元 -10 元）=3 万股的股票增值权。

8.6 以什么价格给——如何定价最合理？

◎【股权激励看点】

以什么价格给，其实说的是确定股权的行权价格。行权价格是指企业授予激励对象期权时所确定的、激励对象购买企业股份的价格。中小企业在做股权激励时所确定的行权价格不宜过高或过低，否则将难以达到激励效果。行权价格激励的逻辑如下（见图 8-20）。

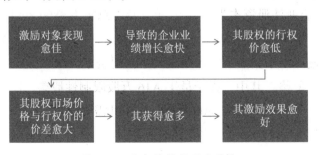

图 8-20 行权价格激励的逻辑

上市企业在确定行权价格时，银监会要求企业要根据"公平价格"来确定。所谓"公平价格"指的是对股东和激励对象都公平的价格，一般有以下五种算法（见图 8-21）。

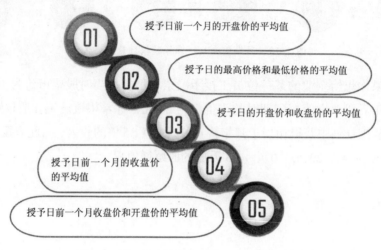

01 授予日前一个月的开盘价的平均值

02 授予日的最高价格和最低价格的平均值

03 授予日的开盘价和收盘价的平均值

04 授予日前一个月的收盘价的平均值

05 授予日前一个月收盘价和开盘价的平均值

图 8-21 上市企业确定行权价格的五种算法

而中小企业没有相应的股票市场价格作为定价基础，因此确定难度比上市企业要大得多。就目前来说，大多数中小企业会以净资产为基准来确定股权激励的行权价格。在这方面，深圳 JR 公司是一个典型。

◎ 【股权激励案例】

股权激励案例：JR 企业以净资产为基准确定行权价格

深圳 JR 企业注册资本为 3800 万元，股份总额为 3800 万股。经审计，截至 2015 年 12 月 31 日，企业净资产有 7200 万元，企业决定对团队骨干实施限制性股票激励。由于企业净资产明显大于注册资本，JR 决定以企业净资产为基准确定授予价格。其中，授予员工 A16 万股限制性股票，经计算，股票价格为 2 元 / 股（7200 万元 ÷3800 万股），A 共需支付 32 万元（2 元 / 股 ×16 万股），分 4 年行权，每年最多支付 8 万元。

◎ 【股权激励实操】

由于 JR 企业的净资产明显大于注册资本,所以以净资产为基准确定限制性股票价格,既可以保护现有股东的利益,同时对激励对象来说也是有吸引力的价格。中小企业要想股权激励像 JR 一样,既可以保护现有股东的利益,还有激励作用,就要确定一个合理的行权价格。

♦ 行权价格的确定方法

下面,我们为大家介绍几种常用的行权价格的确定方法(见图 8-22)。

图 8-22 中小企业确定行权价格的三种方法

☆ 以注册资本金为基准

注册资本金与净资产相差不大的企业,可以以注册资本金为基准来确定股权价格。例如,我们曾经辅助过一家企业——福建 GS,该企业的注册资本为 800 万元。截止到 2016 年 12 月 31 日,企业净资产只有 720 万元,为了激发员工斗志,企业决定对团队骨干实施期股激励。针对这种情况,我们建议 GS 以注册资本金为基准确定授予价格。其中,一个员工李超然被授予 1.5% 的股权,经计算,李超然需支付 12 万元(800 万元 × 1.5%),分三年支付,每年支付

4万元。

如果是股份有限公司，注册资本金通常与股份数量是一致的，即每份股权对应1元注册资本金，激励对象获得的股份可以直接确定为1元/股，这是一种最简单的定价方式。

☆ 以评估的净资产的价格为基准

在企业的净资产与注册资本金相差较大的情况下，就需要对每股净资产值进行评估，以评估后的每股净资产值作为股份授予时每份激励股权的行权价格。上面案例中的JR企业就是以这种方法来确定行权价格的。

☆ 以资本市场估值为基准

企业如果通过资本市场引进过风险投资，股权激励应当以企业最近一次风险投资进入时每股价格为基准，另外再给予适度折扣作为激励对象股权行权价格。我们建议中小企业确定的行权价格，在净资产价格与最近一次风险投资进入时的每股价格之间。如果资本市场给股权的估价高于其净资产的2倍，这时用股权最近一次交易的价格为基准再打5折左右比较合适。

我们曾经辅助过一家企业，该企业连续亏损多年，净资产额低于注册资本金，但业务发展蒸蒸日上，不断用股权融资，并且估值是净资产的6倍多。这时，我们建议该企业选择股权估值价格的50%作为股权激励对象的行权价格。这样激励对象能清楚地知道激励股权的优惠力度，容易产生较强的获得感，激励效果会很好。

♦ 行权价格的调整方法

正常情况下，股权激励计划实施后，企业授予激励对象的股权应该是不断增值的，正是基于这种预期，股权激励才会产生激励效果。但是，由于受政策风险、经济周期性波动风险、利率风险、购买力风险、汇率风险等系统性风险的影响导致股票价值低于行权价时，中小企业应当认识到这不是激励对象个人的主观过错，他们也无法抗拒这种大环境的负面影响。这时企业应当及时调整行权价格，以避免激励对象的经济损失，从而挽救激励对象对企业和工作的信心。

那么，如果遇到股价跌破行权价格这种情况，中小企业应当采取什么样的措施呢？下面是几种常见的措施（见图 8-23）。

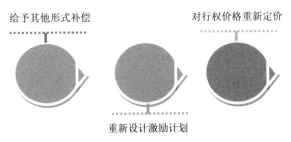

图 8-23　中小企业调整行权价格的三种方法

☆ 给予其他形式补偿

企业可以适当地增加员工的报酬、福利或者给予现金补贴，以减轻股权激励计划失败对员工的不利影响。

☆ 重新设计激励计划

企业如果坚持以股权作为奖励和激励手段，则可以考虑根据新情况，以现在较低的股价为基准，设计新的股权激励计划。但是，新计划从设计到实施再到产生效果，整个过程要花去比较长的时间，不能解决当前的问题。在这种情况下，重新定价的作用就显现出来了。

☆ 对行权价格重新定价

在激励计划中提前约定，当企业股价跌破某一底线而员工又达到了预期的绩效指标时，企业可以对行权价格重新定价，一般是下调行权价格，以使股权激励计划重获价值。

虽然原则上来说，在股价不低于行权价的情况下，是不允许企业对行权价重新定价的，但如果重新定价确属必要，企业应就重新定价相关事宜提交股东大会表决通过，然后实行。

CHAPTER

09 股权激励如何实施，怎么管？

股权激励设计好以后，要进行科学合理的实施和管理，这就好比是结婚的夫妻，需要双方按照约定，秉持"白头偕老，共创美好"的理念共同进退。中小企业的股权激励要设定好授予条件、退出机制、股权激励架构、管理员工股东的制度等，只有这样才能避免员工躺在股份上睡大觉，不让企业陷入股权的纠纷之中，向着股权激励的目的匀速前进，把企业做大做强。

9.1 达到什么条件才能给——如何规避员工躺在股份上睡大觉？

◎ 【股权激励看点】

实施股权激励，并不是确定了激励对象、模式、时间、份额、价格、股权来源后，就可以授予激励对象了，还要制定一个条件，达到这个条件才能把股权授予激励对象。这里所说的条件，包括股权的获授条件和行权条件。通俗地说，就是企业制定的股权激励的考核目标和标准。如果达到了考核标准就授予股权，激励对象有权利行权。

制定合理的考核目标及标准是股权激励成功的关键所在，股权激励一般按照一个年度考核一次，考核标准要事先设计好。股权激励有效期几年就要连续考核几个年度，把能经受考验的和经不住考验的人区分开，按照规则以结果为导向，考核成绩好的多给股权，一般的不给股权，不合格的不给股权。这样做的目的是为了规避员工躺在股份上睡大觉，无作为。

需要注意的是，中小企业在制定授予条件时，只需要对激励对象进行考核。而在制定行权条件时，除了需要对激励对象进行考核外，还要对企业整体和部门进行考核。只有这三者都合乎企业的要求了，激励对象才可以行权。

KMT 企业在这方面就做得非常科学，让我们来学习一下吧。

◎ 【股权激励案例】

股权激励案例：KMT 股权激励成功的奥秘何在？

安徽有一家建材企业 KMT，是一家集研发、生产、销售为一体的大型建材企业。目前已经拥有年产 15 吨建材的生产能力。2014 年，该企业的老板制定了战略目标——在华东、华北、西北、西南建设四大生产基地，在全国建立强大的供货渠道。

制定了战略目标后，KMT 老板发现企业的治理机构和企业文化有待加强，于是开始实施股权激励。其最大的目的就是完善企业治理结构，建立共创共享的企业文化，实现对企业骨干管理人员和核心人才的激励，调动他们的积极性。KMT 激励股权来源于企业创始股东转让的部分股权。

当把一系列的激励计划做好以后，在达到什么条件才给员工股权这个问题上，老板开始纠结。经过我们的建议，该企业股权激励的条件是这样制定的：企业各业务板块的净利润达到企业董事会规定的年度净利润目标的 80% 以上。如果企业的总利润指标没有达到，那么这一年的股权激励不实施，授予激励股权不能作转让。如果企业总利益达到预定指标，而其中某个业务板块没有达到指标，那么该业务板块的员工不能参与这一年的股权激励。

为了进一步考核员工个人是否符合股权激励的条件，KMT 制定了员工考核表，以激励对象进入企业的时间、职称、业绩、特殊贡献四个因素为考核依据，计算每个激励对象的得分。具体考核权重因素如下（见表 9-1）。

表 9-1　表 KMT 股权激励对象个人考核权重因素示意

考核内容	得分	考核办法
进入企业的时间	10	2010 年年底前入职，计 10 分； 2011 年年底前入职，计 8 分； 2012 年年底前入职，计 6 分； 2013 年年底前入职，计 4 分； 2014 年年底前入职，计 2 分；
职称	30	主管：5 分； 副部级：15 分； 正部级：25 分； 高管级：30 分

（续表）

考核内容	得分	考核办法
业绩	50	1. 板块业绩45分： 目标利润完成率未达到100%，0分；达到100%为45分； 目标利润完成率100%～110%，每增加1个百分点加1分； 目标利润完成率110%～120%，每增加1个百分点加2分； 目标利润完成率120%以上，每增加1个百分点加3分， 最高加分总额不能超过60分； 2. 个人业绩15分： 根据个人月度考核及年度考核综合评定。
特殊贡献	10	对企业做出特殊贡献的员工，董事会可给予10分以内的奖励。

根据表9-1股权激励对象个人考核因素，汇总所有激励对象的总得分，再除以本次股权激励授予的股权总量（500000股），得出每分可获得的股权激励数。激励对象的考核得分乘以每分可获激励股权数，就是某一个激励对象具体应该获得的激励股权数。

可喜可贺的是，KMT的股权激励计划效果非常好，不仅完善了企业的治理结构，塑造了共创共享的企业文化，更重要的是，通过股权的激励作用，使得企业上下人员一条心，在很短的时间内完成了战略目标，在全国范围内形成了强大的供货渠道。

◎ 【股权激励实操】

KMT企业在制定授予条件和行权条件时，把企业的整体考核标准、部门考核标准和个人考核标准结合在一起，既能达到股权的激励作用，又能避免员工躺在股份上睡大觉。这样的股权激励条件值得每一家中小企业学习。

那么，中小企业应该如何制定股权激励的授予条件和行权条件呢？我们也可以向KMT学习，通过以下三个方面来进行考核，达到考核标准才能授予股权和进行行权。

◆ 企业整体考核标准

每家企业的状况不同，考核标准当然也不同。下面我们为大家介绍一下制定合理的企业考核标准应遵循的两个基本原则。

☆ 符合企业战略目标

战略目标是企业使命和愿景的具体化。中小企业在设定股权授予条件时，要根据自身发展的特点明确战略目标的具体内容，细化考核标准。一般来说，中小企业可以结合自身所处行业特点、企业以往业绩、达标难度等情况，设置有挑战性但通过努力可以实现的业绩指标作为股权激励考核指标。中小企业的战略目标包括以下内容（见图 9-1）。

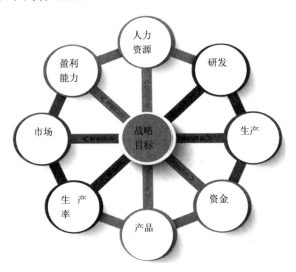

图 9-1　中小企业的战略目标包含的八项内容

另外，股权激励是否达到行权条件的标准，还应有反映股东回报和企业价值创造的综合性指标。比如，股东权益回报率、每股收益、经济附加值等。

一家企业不一定要将以上内容都列为战略目标的考核标准。比如，你是餐饮行业就不需要研发目标。中小企业应该根据行业特点和发展阶段选择对自己战略有实质影响的战略目标，根据战略目标制定细化的考核指标作为股权激励的授予条件。

☆ 企业净利润的考核标准要高于行业平均水平

大多数情况下，一个行业的平均净利润是行业正常的发展水平，是一般企业在正常情况下可以达到的水平。而我们实施股权激励是为了激励企业核心团队提升战斗力，超越一般的水平。如果企业的净利润不能高于行业平均水平，就没有资格享受股权激励带来的利益。所以，中小企业要把企业的净利润考核标准定得高于行业平均水平。

例如，你的企业是房地产企业，那么根据对房地产行业的统计，2017 年房地产行业的平均净利润率为 8.3%。如果你要实施股权激励，在制定股权授予条件时，就应该把企业的净利润率考核标准确定在 8.3% 以上。

◆ 部门考核标准

中小企业应该根据企业整体的考核标准，制定各部门的考核标准。企业给予多少预算，提供什么资源支持，激励对象要完成什么样的任务，最后的目标由企业来确定。但是要注意：确定的目标越高，相应的股权激励额度也应该越高。

◆ 激励对象个人考核标准

通常来说，激励对象只有在企业目标、部门目标和个人考核都达到授予条件后才能被授予股权或行权。个人考核可以分为多个方面，从多个角度进行考核。中小企业应该根据企业的特点选择切合实际的考核方案，科学地设置考核标准。下面我们举一个考核标准的实例，供大家参考（见表 9-2）。

表 9-2　企业股权激励对象考核标准

考核因素	考核标准
价值观	1. 价值观要与企业文化理念保持一致； 2. 认同企业文化和核心价值观，愿意为企业使命竭尽全力。
部门指标	1. 85%≤部门指标完成率，系数为 1； 2. 70%≤部门指标完成率＜85%，系数为 0.7； 3. 部门指标完成率＜70%，系数为 0。
制度项	1. 违纪次数不超过规定次数
品德项	1. 无重大违规、违纪、贪腐行为

（续表）

考核因素	考核标准
成长顶	1. 学习投资≥年收入的 5%，系数为 1； 2. 学习投资每低于 1%，成长项系数降低 0.05；
客户满意度	1. 被投诉不能超过 3 次

激励对象当期考核不合格的，没有授予的股权不再授予，已经授予的股权不得行权，该部分股权由企业注销或按照原授予的价格回购。现实中，中小企业一般会以激励对象支付的成本价加上对应的利息予以回购。

9.2　怎么退出——如何设定股权激励的退出机制？

◎ 【股权激励看点】

人生无常，本来身体健壮的人突然遭遇车祸变成植物人，本来让人羡慕的高管因犯罪锒铛入狱，本来勤奋工作的员工因为家庭的原因惋惜请辞……没有人愿意这样的不幸发生在自己身上，但是假如这种事情发生了，我们该如何面对呢？如果企业激励对象中有人发生了这类事，企业应该如何处理才能挽回损失，减少负面影响呢？这些问题都涉及一个关键点：股权激励的退出机制。

股权激励退出机制的设定，是我们做好股权激励非常重要的环节。一个完整的股权激励计划，除了科学地设计股权激励的目的、激励对象、激励模式、时间、价格等，股权激励的退出方式同样是不可或缺的重要部分。对于中小企业来说，做股权激励的初衷是为了把企业做大做强，如果授予了员工股权反而使大家躺在股份上睡大觉，或者员工离开后给企业惹上官司，显然违背了做股权激励的初衷，也不利于企业的良性发展。

另外，作为中小企业的老板，如果你对员工实施股权激励后，没有约定退出机制，员工会认为你在骗他，给他画大饼。特别是让员工花钱购买的股份，他们会认为你在骗他们的钱，这样一来，你的股权激励一定会失败。企业的股权只有能退出才会有价值，这就好比我们手上的钞票，只有能够买得到东西，才会有价值。如果钞票花不出去，不过就是一张废纸。

股权激励为何要设计退出机制？我们可以通过以下四点去了解（见图9-2）。

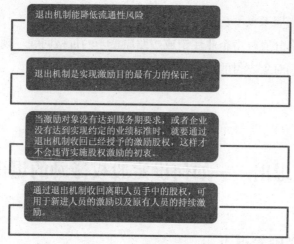

图 9-2　中小企业设计退出机制的四大原因

对于上市企业，股权激励的退出相对简单，因为上市企业有规范的股东退出机制，只要遵守规则，一般不容易产生纠纷。反倒是刚刚成立的初创企业和中小企业，因为内部管理还不成熟，很容易出现员工离职的危机。所以我们经常提醒中小企业的老板，不要说你的企业规模不大没必要弄那么多条条框框，如果你想把企业做大做强，这些条条框框才是你最坚实的保障，有言在先总好过反目成仇。我们曾经辅助过这样一家企业，就是因为没有设定好退出机制，导致企业陷入官司，错过了做大做强的最佳时机。

◎【股权激励案例】

股权激励案例：KS 因无退出机制陷入官司，失去做强做大的机会

山西 KS 企业成立于 2004 年，经过三年的发展，已经初具规模。这时，企业为了研发新技术、新产品，聘请了一位技术总监陈某。一年后，技术队伍在陈某的带领下，取得了阶段性胜利，研发出的新产品，获得了消费者的一致好评，提升了企业的品牌影响力。为了激励员工继续向更高的目标奋进，企业对核心技术人员进行了股权激励，其中，技术总监陈某获得了企业1.8%的股份，企业代为支付出资额。

2015年，KS企业已经成为山西的龙头企业，企业老板制定的战略目标是：在两年内把企业做成全国的龙头企业。就在这时，陈某由于私人原因不得不向企业提出辞职申请。2015年4月，KS企业解除与陈某的劳动合同关系。2015年5月，企业召开股东大会，其他股东均同意将陈某1.8%的股份转让给新任技术总监周某。

然而，当企业把这项决议内容通知陈某，要求他在一周内将股权变更时，陈某明确表示拒绝。后来，企业多次与陈某协商，陈某都表示不会把股权转让给周某。于是，2015年11月，企业将陈某告上法庭，要求他将1.8%的股权转让给新任技术总监周某。

在法庭上，陈某认为股权自由转让是《公司法》赋予股东的法定权利，只要他不愿意转让，谁也不能强求，虽然他已经与KS解除了劳动关系，但这并不能产生股权转让的效力。

KS企业在这1.8%的股权上与陈某纠缠，不管是企业老板还是新任的技术总监，都没有把心思完全放到企业的发展上。而2015年正是企业所在行业的黄金发展期。错过了这个时期，KS企业就错失了一个很好的做大做强的机会。

所以有这起纠纷，就是因为KS企业在实施股权激励时没有设定好退出机制。如果KS在授予陈某股权时，就设定好退出机制——不管出于什么原因与企业解除劳动关系的，激励对象已经获准行权但尚未行权的股权将终止行权，其未获准行权的股票将作废——那么，结果将大不一样。可惜的是，谁也没后悔药吃。

◎ 【股权激励实操】

虽然没有这场官司KS企业也未必能做大做强，但是从这个案例中，我们看到的是，设定股权激励的退出机制对于企业的重要性。现在的中国社会，感情与道德已不足以约束人的行为，在这种情况下，建立退出机制就显得尤为重要。那么，中小企业如何设定好的退出机制，确保股权激励能够在公司发挥积极的作用，推动公司业绩成长、价值升值？

中小企业在设定股权激励的退出机制时，需要重点把握以下三大原则（见图9-3）。

图9-3　设定股权激励退出机制需把握的三大原则

01 股份回购权利的约定

02 退出时的价格

03 股权激励对象异动情形的处理

♦ 股份回购权利的约定

通常情况下，中小企业创始股东释放股权是基于员工在企业发展中所做的贡献而定的。直白地说，员工获得的股份是基于他们对企业创造的价值确定的。正常情况下，员工因离婚股份被企业收回，这是大家都能接受的，不会因为有这样的退出机制而使股权激励失去激励作用，这一点中小企业的老板大可放心。

员工离职，企业回购股份一般有两种情形：

一是在服务期内，员工以什么价格购买的股权，企业就以同样的价格回购；

二是超过服务期。通常来说，服务期为5年，过了5年，员工要选择继续持有还是变现，即使在岗员工也是可以变现的。

以上两种都是比较好操作的，大多数企业都已经做到了。对于中小企业来说，最担心的是员工离职后的股份回购。如果你够大度，就可以像华为一样操作。在华为，如果员工为华为工作了15年，年龄不超过40岁，离职后不再继续工作的，可以继续保留股份享有分红；如果去别的企业继续工作的，则股份由华为回购。不过对于大多数中小企业，我们建议还是选择回购，而且是强制性的回购，也就是说，离职的员工是没有选择权的。

上面是从企业的角度考量的，同样，股权激励的退出机制对员工也是一个很好的保护。企业的发展是有风险的，员工手里拿到的股权有可能升值也有可能贬值。我们曾给北京一家企业做股权激励设计，当时发现该企业有一批员工原来都在同一家企业，并且拥有这家企业的股权，这家企业经营不善，股票贬值，股价低于他们当时购买的价格。现在他们都离职了，但由于没有退出机制，也没有人要他们的股票，他们拿着这些股票就像拿着废纸。所以，我们在给该企业设计股权激励时，特别强调了股权的退出机制——企业要强制回购离职员工的股份，这无疑是给员工吃了一个定心丸，能让他们安心为企业效力。

♦ 退出时的价格

设定股权退出机制时，如何设定合理的退出价格，一直是困扰中小企业老板的一大问题。原则上，设定退出的价格要结合服务期来设定，股份进出的口径要一致。也就是说，员工是按什么价格购买的股权，退出时企业就要按什么价格回购。具体来说，企业回购股份的价格，要分两种情形区别对待（见图9-4）。

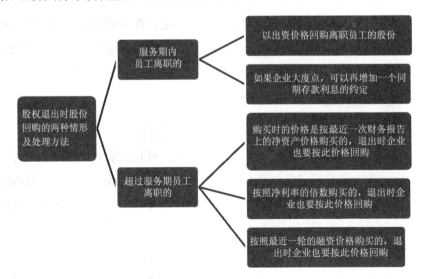

图 9-4　股权退出时企业回购的两种情形及处理方法

♠ 股权激励对象异动情形的处理

中小企业股权激励的有效期一般为 3～5 年，在这段时间里，激励对象可能因为企业的原因、家庭的原因、个人的原因或意外事故等无法正常工作，针对这些异动情形，在设定股权激励计划时要有所预见，设定好退出机制来应对和处理。下面，我们针对几种常见的异动情形谈一谈股权退出的处理方法。

☆ 激励对象因个人原因、企业裁员而离职

针对这一情形，中小企业要与激励对象约定，在离职之日，其已经获准行权但尚未行权的股权终止行权，其未获准行权的股权作废。激励对象以个人名义花钱购买的股权，企业应该以原价回购。虚拟股票、股票增值权、账面价值增值权及延期支付，一般不需要再向激励对象支付红利或其他股权利益。

☆ 激励对象因正常的岗位调动职务发生变更的

针对这一情形，中小企业要与激励对象约定，已经获得授予的股权激励不作变更，继续有效。如果激励对象因职务变更导致不能持有企业股权（如降级），其没有行权的激励股权终止行权，并由企业注销。

☆ 激励对象因退休离职

针对这一情形，中小企业要与激励对象约定，在离职之日，其已经获准行权但尚未行权的激励股权保留行权权利，并在 6 个月内完成行权，其未获准行权的激励股权作废。

☆ 激励对象身故

针对这一情形，中小企业要与激励对象有两种约定：

一是激励对象因工身故的，自身故之日起，对其激励对象已经获准行权但尚未行权的激励股权保留行权权利，并由其指定的财产继承人在 6 个月内完成行权，其未获准行权的激励股权作废。对于没有行权的部分，企业应当按照激励对象身故时的分红比例向其指定的财产继承人继续分配 2～6 年红利。这是对其他激励对象的一种激励，也是对因工身故员工的一种褒奖。

二是激励对象因其他原因身故的，对激励对象已经获准行权但尚未行权的

股权终止行权，其未获准行权的股权作废。

☆ **过错性退出**

针对员工自身的过错，可以在承诺书上约定，如果员工出现下列情况时，企业有权将其持有的全部股权强制收回，并追究其他法律责任（见图9-5）。

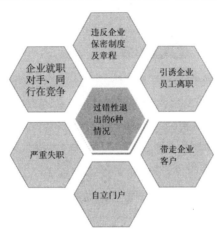

图 9-5 过错性退出的 6 种情况

9.3 架构怎么搭——如何设计股权激励架构？

◎ 【股权激励看点】

对于中小企业的长远发展来说，股权激励是十分必要的，而其架构设计更是发挥着关键性的作用。目前，在这方面有三种不同的设计模型供中小企业参考研究。

♠ 激励对象直接持股

激励对象直接持有企业的股权，成为企业的注册股东。这种结构因在法律上有着明确的保障，所以是最受激励对象欢迎的（见图9-6）。然而，对于中小企业来说，使用这种形式就意味着公司丧失了对员工的部分控制权，进而影响整个团队的稳定性，所以掌握着架构设计主动权的企业基本不会将其列为首选。

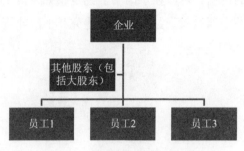

图 9-6　激励对象直接持股架构

♠ 激励对象间接持股

激励对象间接持股通常是指企业设置一个专门的平台作为员工持股的载体，其基本的表现形式为有限公司。原企业的大股东也是此有限公司的大股东，这样一来，企业大股东就掌握了有限公司的话语权，而原企业也能够通过此方式控制整个员工持股平台。

作为员工持股平台，除有限公司，还有一种表现形式——有限合伙。根据这种不同，就分成了间接持股的两种模式，具体结构如下（见图9-7、9-8）。

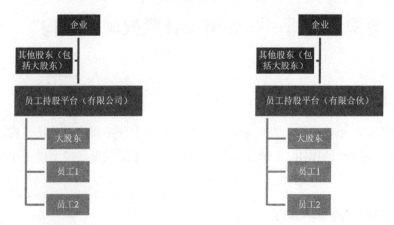

图 9-7　激励对象间接持股结构 1　　　图 9-8　激励对象间接持股结构 2

从图 9-7 和图 9-8 中我们可以得知，这两种模式的结构大致相同，其区别仅在于有限公司与有限合伙。细究的话，二者不同的因素主要是持股平台的控制权与税负。

● 间接持股的第三种模式

合伙企业法对有限合伙企业中的合伙人有着明确的限制，即 2 人以上 50 人以下。所以上述模型对规模较小的企业完全没问题，但遇到规模较大的企业就需要第三模型出场了，而这种模型也是第二种模型的一种变体，是间接持股的第三种模式。

这种模型首先会针对激励对象作出分类，并根据其不同的人员分类设置不同类型的平台，然后根据不同平台的性质选择间接持股的模式（见图 9-9）。

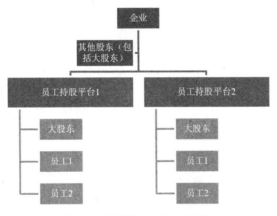

图 9-9   间接持股的第三种模式

这三种模式都是现实中较为常见的模式。对于这三种股权激励的模型，中小企业应该选择哪种呢？我们先来看看下面几个案例，或许会对你有所启发。

◎ 【股权激励案例】

股权激励案例 1：GJ 企业采用员工直接持股的激励架构

杭州 GJ 企业创始股东 5 人持有企业 100% 的股权，企业于 2012 年实施股权激励，激励对象确定为 15 人，2016 年 12 月 31 日行权期结束，15 位激励对象共获得企业 20% 的股权，创始股东持股比例变为 80%（见图 9-10）。

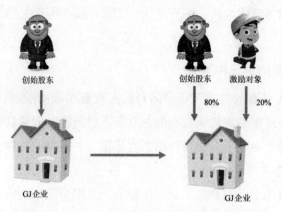

图 9-10　杭州 GJ 企业激励对象直接持股的架构

股权激励案例 2：北京 DL 企业采用员工直接持股的激励架构

北京 DL 企业注册资本为 2 亿元，2012 年实施股权激励，两个大股东新成立了北京 KJ 有限公司作为本次股权激励的持股平台，占 DL 企业 25% 的股权。2016 年股权激励行权期结束，企业 35 位激励对象最终获得 10% 的股权。该企业通过持股平台实现激励对象间接持有 DL 企业股权的目的（见图 9-11）。

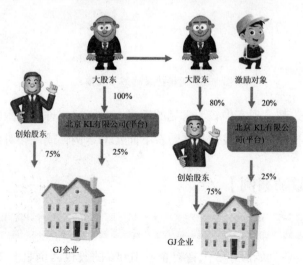

图 9-11　北京 DL 激励对象通过平台公司持股

◎ 【股权激励实操】

以上两家企业根据自身情况选择了适合企业的股权激励架构。对于绝大多数中小企业来说，要设计合适的股权激励架构，需要根据企业的实际情况，并结合三个架构模式各自的运转规则和税收，科学合理地设计。下面，我们具体分析一下以上三个股权激励的架构模式对控制权和税收的影响，以便大家设计出适合自己企业的股权激励架构。

● 不同股权激励架构对控制权的影响

直接持股的激励对象会成为注册股东，并同创始股东一样，享有企业法及相关法律赋予的权利，具体包括股东身份权、参与决策权、监督管理权、资产收益权、回购请求权、知情权、优先受让和优先认购权、分配企业利润权等。总体来说，激励对象直接持有企业股权时，可以行使的权利范围很大，与创始股东没什么区别。所以，激励对象的持股比例会直接影响企业创始股东的控制力，对企业决策也产生直接影响。

通过有限合伙企业作为企业激励对象的持股平台，大股东只需要在持股平台持有少量的股权份额就能牢牢掌握其控制权。企业的控制权不会因股权激励而受到任何影响。另外激励对象持股数量的变化只在持股平台变更就可以，而不用改变企业的股权结构和工商登记信息，减少很多麻烦。

通过有限公司作为企业激励对象的持股平台，当大股东在平台公司占二分之一以上的股权时才能掌握其控制权。为了保护大股东的控制权，建议大股东在平台公司的持股比例不要低于三分之一，因为平台公司对重大事项进行表决时需要三分之二以上通过，要确保大股东有三分之一的否决票。当然，如果其他激励对象都与大股东意见不一致，大股东在平台公司的控制也将难以实现，这时企业的控制权可能会因股权激励而受到一些影响。当然，如果平台公司占企业的股权比例低于三分之一时，大股东在平台公司是否有控制权对企业决策影响不大，前提是创始股东的投票态度是一致的。

● 不同股权激励架构的税负对比

三种不同的股权激励架构，其所得税、营业税及综合税率有较大差别，要想从财务税角度选择合适的股权激励架构，可以观察下表（见表9-3），会让你一目了然。

表9-3　三种不同的股权激励架构的税负对比情况

税收种类	员工直接持股	有限合伙企业持股	有限公司持股
股权转让所得税	转让所得的20%或股权转让收入的17%	5%～35%的累进税率	转让所得的40%
股息红利所得税	5%～20%	20%	20%
股权转让营业税	免征	5%	5%
股息红利营业税	不交	不交	不交
转让股权所得税及营业综合税率	20%	10.32%～38.64%	43.36%

9.4　怎么实施——如何推行能让效果放大30倍?

◎ 【股权激励看点】

现在，越来越多的企业把股权激励当作吸引人才、稳定人才、激励人才的重要策略。华为、阿里巴巴、联想等著名企业通过对员工进行股权激励，让企业的发展上了一个台阶。但是，我们认为，股权激励是否能刺激企业实现质变，关键还要看企业施行的效果。在我们为中小企业做股权激励的这几年里，发现很多中小企业虽然设计了科学合理的股权激励方案，但在推行的过程中遇到了不少问题，总结起来，有以下几个方面：

问题一：企业最近几年的效益那么好，为什么员工意识不到公司的股份价值?

问题二：如何打造有利于企业可持续发展的企业文化?

问题三：如何让股权激励的对象在日常工作中给其他员工带来正面影响?

问题四：为什么进行股权激励后，员工的心态、行为没有发生较大的转变？

除了科学合理的股权激励方案，怎么实施股权激励计划才能把股权激励的效果最大化，是中小企业老板最关心的问题之一。在我们看来，股权激励不是一个复杂的命题，方案设计的核心在于对人性的精准掌握，成败的关键在于这一套方案的执行力与企业实际情况的符合度。中小企业应该如何推行股权激励才能把激励效果最大化呢？我们先来看看 M 企业是如何做的。

◎ 【股权激励案例】

股权激励案例：M 企业有效推行股权激励方案

M 建筑产业集团是一家房地产精装修综合服务商，该企业的核心人才是设计师、产品研发、市场营销等人员，所以企业主要对这几类人才进行股权激励。相应的，公司还制定了一系列完善的考核制度。但是随着企业的发展越来越好，企业的人力资源矛盾也越来越突出。该企业现有的薪酬制度和绩效管理存在的问题主要有：绩效政策不统一、缺乏对员工的激励、考核指标太单一等。针对这三个问题，企业需要建立长期科学的激励制度，有效的绩效管理体系和统一完善的考核指标，从而保证企业长远的发展。

确定好科学合理的股权激励方案之后，在实施的过程中，M 企业制定了推行股权激励的步骤（见图 9-12）。

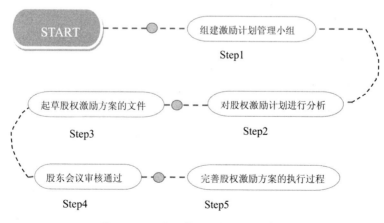

图 9-12　M 企业推行股权激励的步骤

步骤一：组建激励计划管理小组，明确各自的职责，建立内部监督体系。一般来说，管理机构包括四个部分：最高权力机构——股东会，执行机构——董事会，监督机构——监事会，董事会下属专门实施股权激励计划的管理机构。

步骤二：对股权激励计划进行分析，完善所涉及的法律和财务档案。从实际情况出发，股权激励的每一个步骤都涉及相关法律，因此需要有专业的法律人士来指导。同时，实施股权激励，应该有独立的会计师事务所对公司的财务状况进行整理分析，并做出审查报告，作为有说服力的进行股权激励的财务依据。

步骤三：起草股权激励方案的相应文件，包括股份期权激励方案、股份期权授予协议书、公司章程修改建议书、股份期权激励计划绩效考核办法、激励对象承诺书等等。

步骤四：将上述文件交给董事会，经由股东会议审核通过后，用正式的文本告知大众，方可进行股权激励。

步骤五：完善股权激励方案的执行过程。在实施股权激励方案的过程中，按照股权激励计划的条件，对人力部门提供的符合条件的候选对象进行考核和筛选。由公司向激励对象授予股份期权，并签署股份期权授予协议书。按照激励政策，进入行权等待期的激励对象仍然需要接受公司的各项业绩考核，直到可以行权的那一天。在执行过程中，管理小组将不断听取意见，给董事会提出修改意见，不断完善本企业股权激励计划。

通过有效推行科学合理的股权激励方案，M 企业不仅提高了利润，员工的积极性也被激发了，企业业绩稳步升高。

◎【股权激励实操】

在给中小企业做股权激励时，我们一直强调：股权激励授予完成，不等于股权激励完美结束。中小企业接下来要做的是推行股权激励，让员工从理念上真正认可这一激励政策，转变员工的态度，最大限度的利用股权激励的正能量。

那么，中小企业要如何推行股权激励呢？我们结合操作过的 20 多个行业，200 多家企业股权激励的成功案例，总结出了以下让股权激励效果提高 30 倍的五大方法（见图 9-13），中小企业可以借鉴使用。

图 9-13　让股权激励效果提高 30 倍的五大方法

♦ 道以明向：建立"共创、共享、共担"的企业文化

股权激励倡导的是一种共创、共担、共享的文化，所以中小企业在推行股权激励时，要以此为理念。所谓道以明向，就是以"共创、共享、共担"的理念推行股权激励，这样才能保证企业这条大船按照指定的航向不断前进，到达成功的彼岸。

"共创、共享、共担"是合伙人文化，它能够凝聚员工的向心力，对企业和员工来说是一种无形的制约和导向。因此，正确、科学、积极的"合伙人文化"战略思想，有利于创建优秀的企业文化，促进企业发展。

♦ 法以立本：塑造股权价值

所谓"法以立本"，说就是塑造股权价值。如果我们把股权激励比喻成一棵大树，那么这棵树的树干就是普遍认可的价值观。因此，在股权激励推行的初期，做好股权价值的塑造就显得尤为重要。员工是否看中股权激励，最核心的点在于员工对企业的未来是否有期待，是否有信心。因此，塑造股权本身的价值，实际上就是在对企业本身的商业模式、团队搭建、经营管理进行改造。

股权激励的收益是风险收益的一种，这种收益是建立在股东利益和公司利益最大化的基础上的。大家通常认为，股权激励是对企业已经创造的价值进行分配，实际上，股权激励是对公司未来收益的分享，因此这种收益具有不确定性。我们看到很多企业上市后股价涨的飞快，这个价值不仅仅是公司市值的增加，股权收益的膨胀，也是企业股东与管理者共同努力的结果。毕竟，不是每一家企业都有这样的机会和实力。

所以，股权本身的价值不会一下子就显现，而是要在蛋糕做大后才能显现。股权价值的实现和企业本身清晰的商业模式、明确的战略方向分不开，同时也和企业员工的努力分不开。只有把这几个方面把握好，才能谈企业价值的塑造。我们通过对各种行业、各个阶段的企业进行深入研究后发现，一个清晰的商业模式，加上一个极具战斗力的团队，对员工在股份价值的认知上，起着关键性的作用。

♦ 术以立策：塑造股东的荣誉感

所谓"术以立策"，是说塑造股东的荣誉感。在推行股权激励的过程中，股东的荣誉感是最佳的催化剂，能让员工从内心高度认可企业的股权激励。

实施股权激励后，原来的高管或者企业核心人才由于拥有公司部分股权，身份有了华丽丽的转变，由打工者变成了小股东。对于被激励者而言，这种身份的变化相当具有吸引力，意味着自己变成了企业的"主人翁"之一，不仅在一定程度上决定企业的发展，还能从公司的收益中分一杯羹。对于那些对身份很敏感的员工来说，身份的转变比物质奖励的激励力度还要大。

我们在具体项目的实践中一直强调，股权激励方案的推行比设计方案更重要。在具体的实施过程中，可以通过以下三点来塑造员工股东的荣誉感（见图 9-14）。

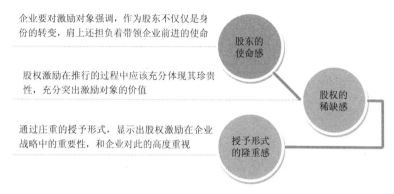

企业要对激励对象强调，作为股东不仅仅是身份的转变，肩上还担负着带领企业前进的使命

股权激励在推行的过程中应该充分体现其珍贵性，充分突出激励对象的价值

通过庄重的授予形式，显示出股权激励在企业战略中的重要性，和企业对此的高度重视

股东的使命感

股权的稀缺感

授予形式的隆重感

图 9-14　塑造股东荣誉感的三大方法

◆ 势以立人：塑造股东的责任感

所谓"势以立人"，就是塑造股东的责任感。在中小企业，员工的权利和义务是对应的，激励和约束也是对应的，只有对股东的责任感进行强化，才能确保"合伙人文化"确实执行。

实施股权激励后，新的股东加入了股东大会，部分股东还加入了董事会，依法享有对应的所有权、表决权、收益权、转让权和继承权。此时，区别普通员工和股东员工的最好办法就是，赋予股东员工相应的股东责任。因为，股权的权利和义务是一样的，股东员工从企业获得了利益，对应的，也应该为这份收益承担责任。股权激励对员工有激励作用，但是企业也要在激励的过程中对员工强调：促进企业发展是股东员工应尽的义务。

◆ 器以成事：建设与维护股东合伙人文化

所谓"器以成事"，就是建设和维护股东合伙人文化。中小企业想要让股权激励产生源源不断的力量，光靠提高员工股东的责任意识，带动员工的工作积极性是远远不够的，还需要在日常的运营中对每个细节进行建设和维护。

中小企业的老板不仅要眼光长远、胸怀宽广，也要有及时转变角色的勇气和耐力，对股权激励的推行与实施严格要求，积极塑造一种开放的、民主的"合伙人文化"，从根本上调动激励对象的工作热情和潜力。

在过去股权激励的项目中，我们通过一系列活动、各种各样的形式来表现股东员工的荣誉感和责任感，比方说股东专场酒会、股东专题活动等。在日常工作中，不断强化股东员工的主人翁意识，发挥股东员工的模范带头作用，带动其他员工的工作积极性。

9.5　怎么管理——如何经营、管理、发展员工股东?

◎ 【股权激励看点】

股权激励确实能起到吸引人才、激发员工工作潜力、提高企业核心竞争力的作用，同时股权又是"金手铐"，既"诱人"又"栓人"。但我们要重视的是，股权激励只是激励机制的一种，它使得企业的人力资本在一定程度上与货币资本平起平坐，有一样的话语权和分红权。

不一样的是，人力资本是资本与企业员工身份的复合物。通俗地说，就是企业在实施股权激励后，员工股东具有人力资本和雇员的双重身份：一是通过企业授予的股权与企业形成资本关系；二是通过劳动合同与企业形成劳动关系。基于员工股东的这两重身份，如何经营、管理和发展员工股东就成了股权激励实施后的一个关键问题。

在我们辅助过的中小企业里，经常有企业在实施股权激励后，出现以下几种令人尴尬的情形：

有的员工获得股权后，俨然成为公司的投资人，工作的积极性反而下降了；

有的员工获得股权后，由于成为合法股东，可以坐享公司分红，于是与公司反目，另谋高就；

有的员工为了自己的利益，构建自我派系和团队，影响公司整体经营；

有的员工争权夺利，分裂企业；

还有的员工由于公司给予的股权是无偿的，反而不珍惜，违背了股权激励的初衷；

......

凡此种种，都违背了股权激励的初衷。发生这样的情形，追根究底，与企业没有做好员工股东的管理有关。我们总结了一下，如果企业没有经营、管理和发展好员工股权，会给企业带来以下三大危害（见图9-15）。

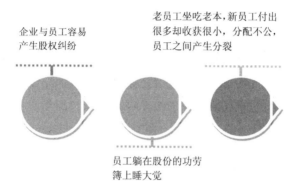

图 9-15　不管理员工股东给企业带来的三大危害

所以，中小企业在实施股权激励后，一定要对员工股东进行管理。在这方面，即使伟大如阿里巴巴，也曾经因为对员工股东的管理不够而陷入股权纠纷。

◎ 【股权激励案例】

股权激励案例：阿里巴巴因管理员工股东不当陷入股权纠纷

X 是阿里巴巴在中国的关联公司——阿里巴巴网络技术公司的前员工，阿里巴巴为激励关联企业的员工努力工作，制定了股权期权计划和股权激励计划。2001～2009 年，阿里巴巴先后 6 次向 X 授予股票期权和限制性股票。

2007 年，阿里巴巴与 X 签订了《员工股本交换协议》和《首次经修订和重申的员工股份交换声明和签署文书》，对双方的权利义务作了明确约定，在 X 离职后，企业发现其在职期间存在违规行为，已经构成双方期权协议以及期权计划所规定的可以终止期权的特定事由，X 的所有期权都将被取消，且阿里巴巴有权回购 X 因行权已经取得的全部股权，X 还应向阿里巴巴返还其转让股份所获得的所有款项。

得到股权的 X 在工作期间，俨然就是公司的投资人，工作的积极性反而下降了。为了自己的利益，他开始拉帮结派，严重影响公司整体经营，还出现了严重违规行为。阿里巴巴发现这一情况后，立刻解除了与 X 的劳动关系，并要求 X 根据约定，返还因转让股权所得的款项共计 8907.97 美元。

然而，X 认为自己在职期间也为企业作出了贡献，不仅不返还转让股权所得的款项，还要求阿里巴巴回购自己手里的股权。为此，X 把阿里巴巴告上了法庭。由此，阿里巴巴和 X 陷入了很长时间的股权纠纷之中。几年后，这场股权纠纷不了了之了。

所谓"吃一堑长一智"，通过与 X 的股权纠纷，阿里巴巴在后来的股权激励中，完善了企业管理员工的制度，并对员工股东进行了一系列的管理，之后，我们再也没有听到阿里巴巴股权纠纷的新闻。

◎ 【股权激励实操】

凡是实施股权激励的企业，其初衷都是好的，为了激励员工为企业作贡献。但不管什么模式的股权激励，都涉及把股权拿出去的问题，如果企业能把员工股东管理好，那么将能很好地达到股权激励的目的。反之，就会像阿里巴巴这样，出现像 X 那样的员工股东。

那么，为了避免企业出现像 X 这样的员工股东，我们应该如何经营、管理和发展员工股东呢？根据我们的实践和研究，以下五招能很好地经营、管理和发展员工股东（见图 9-16）。

♠ 建立科学合理的股权激励管理制度

股权激励管理制度的确立，是一项集专业技巧及系统于一体的工程，涉及企业的战略、组织结构、资源配置、人事安排等诸多领域，还要结合法规政策、市场把控等。股权激励管理制度要做好以下两方面的工作。

图 9-16　管理员工股东的五招

☆ 对企业战略的精准理解

中小企业的老板对于企业未来 3 年 5 年，甚至是 10 年的战略方向要有清晰的认识。一套股权激励制度的寿命至少是 3 ～ 5 年，在此期间，中小企业对于高管股权的分配和公司的战略有直接的关联。战略上的差异性决定业绩考核指标以及岗位价值的差异性，与之相应的企业战略也应有所差异。

☆ 搭建人与人之间的深度连接，建立股权激励方案有效落地的企业文化

搭建人与人之间的深度连接。中小企业想要让企业员工不仅在利益上成为共同体，还要在事业发展上成为共同体，使企业的组织结构成为一个深度融合的有机体，就要建立和股权激励相关的企业文化，通过企业文化管理员工股东。

世界上最强大的力量是什么？毫无疑问，是精神，是文化。那么，文化如何经营？我们对此略有感悟：中小企业要经营文化，最重要的是持续不断地传播愿景与使命。愿景比梦想更现实，比目标更激励人心，传播企业的愿景就是企业的文化营销。阿里巴巴的愿景是"让天下没有难做的生意"，这对企业的高管是个震撼，因此"十八罗汉"才勇往直前冲锋陷阵。愿景与使命，这是两个与企业文化息息相关的词，它蕴涵的是无限的希望与梦想。没有希望的人生

只能黯淡无光，没有梦想的民族只能停滞不前，而没有愿景的企业，走向衰败将只是时间问题！无愿景，不文化。

♠ 基于战略导向性设置业绩指标

股权激励的最终目标是实现企业价值最大化。股权激励不是一项简单的福利计划，而应该以战略导向为指导，建立有效的业绩考核指标。股权激励的具体思路是：战略目标的确立、业绩评价指标的明晰、员工岗位的价值评估以及业绩考核，完成"企业战略＋股权激励＋业绩考核"的深度融合，从而使股权激励制度为企业战略保驾护航，达成企业利润的最大化。

业绩考核的指标怎么定？如果定得太高，可能员工很难完成；相反，员工太容易达成目标又对企业的发展起不到推动作用。企业战略角度上的股权激励指标，确实值得每家企业的每个管理者进行多角度、全方位的考量。

♠ 通过书面协议对员工进行约束管理

股权激励在给予员工激励的同时，也给企业增加了一定的风险，因为员工并非是终身制的，有可能出现离职、跳槽等情况，这就需要在实行股权激励的同时制定相应的约束条件。通常来说，企业会通过书面协议对员工进行约束，其中最为重要的当属股权回购。具体措施为：在协议中约定一个时间期限，并规定如果员工在此期限内离职就要将之前激励所得的股权卖给公司，股权售价可事先约定好，也可再协商。

此外，如果员工在此期限内违反了公司的规章制度，或是做出了违法犯罪的事情，损害了公司的权益和名誉，也属于规定的触发回购条款。还有一种变更激励对象的情况，无论是哪种持股方式，都需要履行变更义务。

♠ 诚信管理员工，即使离职员工也是一样

信任与信心是支撑股权激励这座桥梁的两个桥墩，财务数据的真实性、可信度是保障股权激励取得成功的基石。员工离开一家企业就像夫妻离婚一样，一定是平时积累了太多的怨气，内心经历太多的煎熬和挣扎，或者是遇见能明显给自己带来更大幸福的另一半。一般来说，员工是不会轻易离开一家企业的。另外，能够通过股权激励方式取得企业股权的员工，通常是对企业有贡献并得

到企业赏识的人才，所以，即使员工选择离开，也要好聚好散，该给的分红按照规定一分不少并及时支付，企业与员工之间都应该存有一份感恩之心。

有远见的企业在管理员工股东时，会把离职的员工继续作为有效的合作伙伴。像华为和宝洁等企业就专门成立了服务前员工的部门，持续保持与离职员工的良好关系，提供实用的福利政策，也为企业赢得更多的商业机会和社会资源。这样，在职的其他员工也会对企业更加信任。

♦ 以奋斗者为本的价值管理理念

"以奋斗者为本"是华为的基本理念。我们认为这个理念可以作为管理员工股东的价值理念。在激烈的市场竞争中，中小企业股东以及核心骨干都应该以一个奋斗者的姿态去迎接企业发展过程中所遇到的问题，不能因为前期有了一点成绩就得意忘形、开始享受。作为中小企业的老板，首先是更多地引领企业发展的责任与义务，其次才是利益。这种理念一定要深入到员工股东的内心，这样员工股东才会和老板一条心，为企业发展发挥自己的聪明才智，这样的企业才能走得长远。

股权激励最高境界——
融资、融人、融市场，如何达到？

股权激励的"三板斧"，也是股权激励的最高境界——融资、融人、融市场。任何企业若能学会这"三板斧"，便能为企业的发展保驾护航，实现长足发展，让企业在这激烈的市场环境中脱颖而出。

10.1 融资——如何用股权激励提升企业融资能力？

◎【股权激励看点】

资金就是企业的血液，绝大多数中小企业倒闭是因为资金链断裂。中小企业要快速发展壮大必须有源源不断的资金支撑。百度、阿里巴巴和腾讯（简称BAT）的盈利能力那么强还要向资本市场融资，华为那么强悍也要通过股权激励内部融资，所以，融资是摆在每家企业面前的重要任务，特别是中小企业。

另外，融资能力的强弱直接反映一家企业的实力和信用。比如上市公司向银行贷款，银行工作人员通常会非常耐心、非常客气，甚至上门服务，贷款效率非常高。如果是中小企业向银行贷款，待遇就完全不同了，那种等待和煎熬只有经历过的人才知道。

中小企业的融资方式主要有以下两种（见图 10-1）。

图 10-1 中小企业融资的两种方式

股权融资是指资金不通过金融中介机构，直接由投资者投入公司，作为公司的注册资本及资本公积金，公司据此给予投资者相应的股权或股票作为交换的对价。事实上就是增资，这种钱进入公司后可以永久使用，不用偿还（见图10-2）。

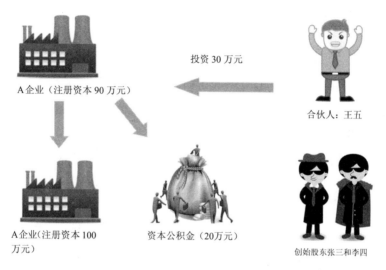

投资 30 万元

A企业（注册资本90万元）

合伙人：王五

A企业（注册资本100万元）

资本公积金（20万元）

创始股东张三和李四

图 10-2　股权融资示意图

比如，A公司的注册资本为90万元，有张三、李四两个股东，公司有一个好项目，但是没有足够的资金启动，这时王五看好公司的发展，与张三、李四商定投资30万元，占A公司10%的股权，公司注册资本增至100万元，另外20万元列为资本公积金，这就是公司股权融资。

如果张三个人向王五转让10%的股权，王五支付30万元给张三，那么这就是股权转让，也称作股权买卖，钱直接进入卖出股权股东的个人腰包，企业并没有得到一分钱，这种情况就不属于企业融资，只是股东个人套现。现实生活中有一些大股东，他们把自己的股权出售，却把钱直接转进公司账户，其实这是不正确的。按照法律关系来讲，钱是属于卖出股权的大股东的，如果想把钱放到公司用，就属于个人把钱借给公司用，这样就变成债权融资了。

债权融资是指企业通过举债筹措资金，资金供给者作为债权人享有到期收回本金的融资方式。通俗地说就是借钱用，到期后要还本金和利息，债权融资主要包括银行贷款、民间借贷和融资租赁等。

那么，中小企业如何用股权激励提升企业的融资能力呢？我们先来看一个案例。

◎ 【股权激励案例】

> 股权激励案例：CD 企业通过股权激励不仅凝聚了一批忠实能干的骨干员工，还成功融到了资金

河北 CD 企业，在国家大力鼓励发展环保产业的大背景下，不断扩展环保项目，需要大量技术研发费和项目建设费，尽管公司发展前景好，但预计近 3 年资金缺口比较大。我们通过研究分析，决定为企业设计股权激励方案解决资金难题，我们了解到 CD 企业有骨干员工 32 名，于是决定将他们列为股权激励对象，他们中有 5 名高管、15 名技术骨干、12 名其他骨干员工。经调查了解，5 名高管每年工资共计 120 万元，年度奖金共计 250 万元；12 名其他骨干员工每年工资共计 170 万元，年度奖金共计 130 万元。经评估，企业股份每股 8 元，股权激励对象买一股，企业送一股，分 5 年行使购买权，每年最多只能购买各自授权额度的 20%，购买的股份可以根据公司营利情况按照比例分红，激励对象还可以直接用分红抵扣部分购买股份的价款。

所有激励对象都看好企业的发展前景，连续 5 年都将年度奖金用于购买企业股权，而且前 3 年都没有分红，等到第四年度终于有利润可分红了，大家并未将红利带回家，而是继续用于购买股权。这样，他们每年最少为公司融资 560 万元，5 年下来共为公司融资 3000 多万元，相当于解决了公司 5 年的技术研发费，还凝聚了一批忠实能干的骨干员工。

股权激励第 3 年，公司现金流极度紧张，几乎要断流了，以 5 名高管为首倡议大家让企业先发一半工资，另一半抵给企业用，按照人民银行存款基准利率计算利息，待企业收益好转后连本带利一起偿还。令人感动的是，还有 12 名骨干主动把自己口袋里的 100 多万元借给公司使用。

◎【股权激励实操】

CD企业通过有效的股权激励，不仅减少了现金流出，得到了融资，同时还赢得了一群骨干员工的真心理解和鼎力支持，这样的智慧值得每一家中小企业学习和借鉴。

回到开始的问题，中小企业如何用股权激励提升企业的融资能力呢？下面我们从内部融资和外部融资两个方面来讲。

♦ 内部融资

运用股权激励可以向公司内部员工融资，具体有三个方法可以借鉴使用（见图10-3）。

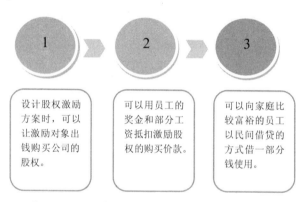

1　设计股权激励方案时，可以让激励对象出钱购买公司的股权。

2　可以用员工的奖金和部分工资抵扣激励股权的购买价款。

3　可以向家庭比较富裕的员工以民间借贷的方式借一部分钱使用。

图10-3　用股权激励向内部员工融资的三大方法

上面的CD企业就是很好的向内部员工融资的案例。中小企业家可以再仔细阅读一番，详细了解该企业用股权激励向员工融资的做法。

♦ 外部融资

股权激励还能提升公司外部融资的能力，在前面的章节，我们说过股权激励能优化企业的股权治理，能建立一支忠勇能干的核心团队。中小企业融资难，融资贵，这个话题年年谈，就是找不到合适的解决办法。

为什么中小企业融资这么难？因为中小企业能够用来做贷款担保的资产少之又少，而要去银行贷款的话，银行一般只认房产、地产等实际的不动产，那些专利、商标等无形资产，对银行根本没有说服力。我国中小企业的平均寿命在两年半左右，而且大部分企业游走在政策边缘，信息不透明，甚至有的企业财务数据好几套，对内一套严防死守，对工商一套掩饰利润，对风投一套夸大其词。谁敢把钱放在这种企业里？在这种情景下，中小企业向银行融资的希望基本为零，但是寻找风投却是个不错的选择。专业风投机构不仅能为他们提供大量的资金，还能为其提供不少可利用的资源，帮助企业成长。

很多人认为风投机构对投资风险不在乎，其实大错特错。实际上，风投机构对风险更敏感。面对一大堆股东都解释不清楚的数据、文件，风投也并不关心，他们关注的是能够决定公司命运的核心力量，即创业团队。风投人或 PE 投资人比较偏爱那些心胸宽广的老板，胸怀的广度决定企业发展的宽度，通常来说，大度的人凝聚力也更强，能够吸引一批人才共同达成团队目标，比如创始人能把 15% ～ 30% 的股份分给核心管理层。

在考察一家企业是否值得投资时，风投会关注公司核心管理团队有没有持股。中小企业老板如果把资产都看成是自己的，不愿意和团队成员分享，那么这个团队的稳定性和前景都有待考量。一个企业家之所以能成功，一定和他乐于分享的特质分不开。当大家和你并肩奋斗时，你连这点不确定的股权利益都不愿和大家分享，又有谁会相信你将来获益后能把既得利益分给他呢？

除此之外，风投还特别关注企业的管理结构，假如企业股东和关键管理位置都是股东的亲属，风投是不会投资的。这种"任人唯亲"的现象，说明这家企业的股东疑心太重、心胸狭窄，对他人的信任度太低。在知识经济的时代，打开大门、广纳贤才才是公司持续发展的人才战略，单凭亲属帮忙，很难把企业做大。正如前文所讲，股权激励可以优化人才结构，只要是有用的人才，英雄不问出处，统统吸纳到公司麾下，为企业重用，这样才能保持公司活力。

实施股权激励体现了企业领导者的胸怀，同时也能优化企业的管理结构和人才架构。假如一家企业的各项条件和其他竞争公司的条件差不多，而这家企业恰好有股权激励这一"加分项"，那么投资者就会格外青睐这家企业，这家企业获得投资的成功率就会高一些。投资圈的"大佬"常说"投资就是投人，就是投团队"，就是这个意思。

因此，实施股权激励的企业比较容易拿到风险投资。

10.2　融人——如何复制像老板一样勤勉尽责的好员工？

◎ 【股权激励看点】

在前面的章节里，我们已经说过股权激励"融人"的表现和应把股权授予哪些员工。那么，是不是把股权授予激励对象，就能真正达到"融人"的效果，复制出像老板一样勤勉尽责的好员工？回答这个问题之前，我们先来思考一下：为什么老板那么拼命工作，一心一意为企业着想，不用别人监督，晚上睡觉时都想着企业的事，也不会对工资多少斤斤计较？

我们都知道，老板通常是企业的大股东或实际控制人，是企业的主人。尽管从法律上讲企业属于独立经营的主体，但实际上企业的成败也决定了老板个人事业的成败。我们经常看到企业上市后，老板们以成功者的姿态出席各种活动，风光无限。反过来，我们也听到一些企业因经营失败，老板跳楼、跑路的新闻。所以，老板不在乎一个月能发多少工资，而是关心企业一年能分多少利润，关心企业三年、五年后，甚至十年后能做多大，能产生多少利润，股票的市价有多高。

企业的股权激励就是利用股权的特点，让员工与企业建立长期的利益关系，淡化员工对眼前的得失，将员工的关注点转移到企业的长期发展上。让员工感受到，只有企业整体利益得到发展，自己的利益才能最大化，员工为了实现由"小白"华丽转身为"千万富翁"的梦想，便会尽心维护企业的整体利益。

这样，企业就能降低成本，提高工作效率，老板的股权比例虽然少了一些，但绝对值是增加的。因为达到了融人的目的——也就是降低人力成本，吸引人才和留住人才。

在这方面，阿里巴巴的马云和窝窝团的徐茂栋做出了表率。

◎ 【股权激励案例】

股权案例 1：阿里巴巴用股权融到了幕后军师蔡崇信

如果说没有马云就不会有阿里巴巴，那么没有蔡崇信就不会有阿里巴巴的今天。江湖中人称"马云背后的男人"说的就是蔡崇信。蔡崇信毕业于耶鲁大学，原来在北欧地区最大公司 InvesterAB 工作，负责亚洲业务。1998 年，InvesterAB 计划参与阿里巴巴的增资，于是代表人蔡崇信和马云有了"第一次接触"，没想到，几次谈下来，蔡崇信自己"爱"上了阿里巴巴，向马云毛遂自荐。让人们不可思议的是，蔡崇信当年放弃 500 多万的年薪，带着怀孕的妻子投奔马云，拿的月薪是 500 元。

图 10-4　马云和蔡崇信

蔡崇信的到来，使阿里巴巴走上规范化运作。蔡崇信加入时，阿里巴巴正准备成立公司，蔡崇信任 CFO，着手注册公司，并分别为 18 个创始人拟了 18 份完全符合国际惯例的股份合同，明确了每个人的股权和义务。蔡崇信在小黑板上给阿里巴巴的同事们解释股权、期权和财务制度。他搭建了一个清晰的公司利益分配体系。从这一刻开始，阿里巴巴这家公司，才有了雏形。上市之前，阿里巴巴 4 个董事席位，蔡崇信占一席。上市之后，招股书里写明，蔡崇信仍占一席董事会席位。

股权案例 2：徐茂栋上市之前先"融人"

窝窝团 CEO 徐茂栋也是用股权"融人"成功的典范。在窝窝团，上至高管，下至普通员工，都有公司的股份，都是企业的伙伴。2011 年 5 月，分众传媒前 CFO 吴明东正式加盟窝窝团担任 CFO（见图 10-5）。吴明东可谓业界最负盛名的 CFO 之一，2005 年 1 月加盟分众传媒，2005 年 7 月分众传媒就在美国上市，成为海外上市的中国纯广告传媒第一股，并以 2 亿美元的募资额创造了当时中国公司在纳斯达克 IPO 的纪录。

图 10-5 徐茂栋（正中间）和吴明东（右一）

别人上市前都是融资，可徐茂栋更热衷于"融人"。徐茂栋拿出自己 25% 的股权，对员工进行期权和股权激励。窝窝团现在有 5500 多名员工，有 3000 多名员工持有公司股份和期权。徐茂栋说他认为员工是自己的创业伙伴，而不是打工的，自己需要的是创业者而不简单的职业经理人。

◎ 【股权激励实操】

趋利避害是人的本性，即使是再好的股权激励，运用到员工身上，他们还是会根据自己的情况，权衡利弊，做出自己的选择。就像蔡崇信选择相信马云、相信阿里巴巴，吴明东相信徐茂栋、相信窝窝团一样。中小企业要想复制像老板一样勤勉尽责的好员工，达到"融人"的最高境界，就必须根据激励对象的特点，选择适合他们的激励方案。

中小企业在实施股权激励时，要充分认识到企业环境与激励对象的实际情况，还要具体考察各种不同激励模式的目标效果，最终选出合适、有效的方法。下面，我们将具体分析一下处于不同岗位的员工适合什么类型的方法，才能复制出像老板一样勤勉尽责的好员工，达到"融人"的最高境界（见图 10-6）。

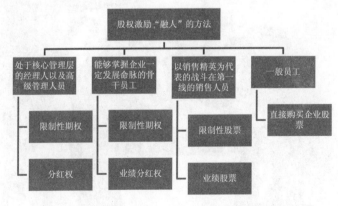

图 10-6　针对不同岗位员工股权激励的方法

♦ 处于核心管理层的经理人以及高级管理人员

高层管理人员对于任何中小企业来说都是最特殊和重要的一群人，企业的命运与其行为密切相关，所以对于他们的股权激励力度都比较大，且限制条件较为严格。实施股权激励的目的在于激励其斗志和约束其行为，如此一来就需要组合式的激励来达到这一目的。

第一个被选择的应该是极具中国特色的期股，当然前面要加上"限制性"三个字，因为有"限制"才有约束，所以约束其行为的目的就达到了。

第二个被选择的应该是分红权，经理人以及高级管理人员可以说是企业长远发展的保证，在他们的管理之下企业才得以产生利润，如果这些利润与他们不相关的话，想必他们的积极性就会大减，所以授予其分红权正好可以达成激励其斗志的目的，同时也是企业所有者对他们"人力资本"的一种肯定。

例如，你的企业在 2017 年招聘了一名华南区的销售经理。那么，你可以以华南区的业绩目标作为考核标准，达到股权授予条件，就授予这名销售经理分红股。如果华南区的业绩目标是 500 万元，2015 年的业绩是 280 万，2016 年的业绩是 400 万。你可以根据业绩的完成情况，制定不同的分红股的授予比例。我们根据实践制定出一份业绩分红表（见表 10-1）。

表 10-1 业绩分红示意

华南区业绩完成情况	分红股比例
业绩指标<业绩目标的 80%	0
完成业绩目标的 80%～90%	企业总利润的 8%
完成业绩目标的 100%	企业总利润的 9%
完成业绩目标的 110%	企业总利润的 10%
完成业绩目标的 120%	企业总利润的 11%
完成业绩目标的 120 以上	企业总利润的 12%

在这样的激励下，这名销售经理一定会努力提升华南区的销售业绩，这样他就会拿到更多的收益。如果这名销售经理在 2017 年中途离职，那就意味着他以前所做的努力都白费了，拿不到分红股。在利益的驱使下，这名销售经理不会轻易离职。这样，企业就达到了"融人"的目的——留住了人才，达到了激励的目的。

除此之外，业绩股票也是一个可行的选项，其相互配合的激励与约束作用效果非常明显。另外，在美国极为流行的股票期权在国内还是少了点生长的土壤，即便在法律层面有了更大的可行性，也仍然可能面临水土不服的尴尬境地，所以在短时间内、甚至是较长一段时间内，除了高科技领域的创业公司，不会有多少企业会试水这一工具。

◆ 能够掌握企业一定发展命脉的骨干员工

这些人多任职于管理部门与技术部门，对他们股权激励的目的同样也是激励其斗志，此外还有稳定其军心。一方面，这些骨干员工所处的部门都很关键，其职位也很重要，只有调动起他们的工作热情以及积极性，才能够带动整个部门乃至全公司的发展；另一方面，同样是因为他们对企业的重要性，才需要将其"军心"稳定住。

第一个要选择的仍然是限制性期股，原因如上文所述。

第二个要选择的是业绩分红权。比起上文所说的分红权，这种权利在行使之时有前提条件，即其本人的工作业绩必须达到要求。

◆ 以销售精英为代表的战斗在第一线的销售人员

对于他们来说，股权激励意义非凡。当前的市场形势显示，销售人员的流动过于频繁，其根本原因在于企业没有给予销售人员足够的重视，对其所制定的收入制度过于简单，总是以眼前的销售业绩为主要依据。其实这就是企业缺乏长远的战略性目光，造成了销售人员只追求眼前的业绩，对企业的整体利益及长远利益漠不关心，于是令企业领导人头疼的人员频繁流动的一幕出现了。

而股权激励的实施，既解决了销售人员收入不稳定的问题，又增强了销售人员对企业的归属感。

第一个选择还是限制性期股，在此基础上加大期股额度，其一定比例的绩效收入只有在购买期股时方可使用，且只有在满足了企业制定的限制条件后才能将股权转让或兑换。

第二个选择是业绩股票，这样就可以将销售的短期利益转化为长远利益，他们在之后的工作中就会减少或避免短视行为。

这样一来，延期支付销售人员的收入就得以实现了，而且还能将他们与企业的利益捆绑在一起，使他们在工作中能够权衡利弊并作出正确选择。

♦ 一般员工

其实股权激励对他们的作用并不大。虽说在一家企业中，一般员工数量是最多的，但是对他们中的大部分人来说，获得股权是可望而不可即的，即便有幸获得股权也不会有很多。而且他们的工作情况及收入与企业的整体效益并没有关联，至少没有直接的关联，即使实施了股权激励，也不会取得预期的效果。

事实上，企业的一般员工并不是都能够理解股权激励这一概念，甚至在有些职工持股的企业里，许多员工都将"持股"与"集资"画上等号。所以，中小企业要想达到"融人"的效果，可以选择让他们直接购买公司股票，当然设置期股也是不错的选择。这样的话，一般员工可以通过这一机会分享到企业利润，对企业文化的建设也有一定的好处。

10.3　融资源——如何通过股权激励整合上下游？

◎【股权激励看点】

通常来说，中小企业的老板有三层境界（见图 10-7）。

图 10-7　中小企业老板的三层境界

第一层境界：用己之力，意思就是老板任何事都亲力亲为。作为老板，假如你什么事情都靠自己，那么你的企业一定会发展得非常缓慢，因为你需要掌握所有的事情，而等你把这些事情都研究透了，已经延误了最佳的竞争时机。

第二层境界：尽人之力，老板可以通过股权激励捆绑很多核心股东和公司骨干，留住很多优秀人才。把这些人聚集在一起，一起完成一个伟大的目标，一起去实现一个仅凭一己之力无法实现的梦想。

第三层境界：尽万物之力，也就是吸天地之灵气，取日月之精华，老板利用股权激励整合一切有用的资源，让企业实现质的飞跃。

如果我们要把企业做大做强，那么当然要向最高的境界——融资源出发。众所周知，中小企业的利润获取能力并不只限于新产品和新技术，还应该建立在对资源的整合上。中小企业通过股权激励对资源进行整合可以做大自身格局，打造多样化发展的道路，实现一次性投入而后不断获得高回报。这就要求中小企业的老板必须要具备清楚的头脑和准确的眼光，把握好市场中的资源并加以利用，形成全新企业利润管道。凭借这样的渠道，中小企业可以获取核心优势资源，从而形成赢利性良性循环，不断促进企业的成长。

在实际操作中，中小企业的老板可以通过股权激励去整合上下游已经拥有的资源并加以运用，从而实现和交易者共同享用资源、合作共赢。形象一点说，就是先和上下游一起将蛋糕做大，自己也能获得更大的一块蛋糕，反之，如果蛋糕始终很小，即使企业全部占据，又能获得多少呢？因此，资源整合带来的利润多元化，是当前中小企业做股权激励的最高境界。

其实，依靠股权激励整合上下游来获取利润多元化的"玩法"，早已被泸州老窖"玩"得异常精彩。

◎ 【股权激励案例】

股权案例：泸州老窖依靠股权激励融合上下游资源

在泸州这个地方，所有的酒都叫做"泸州老窖"，泸州酒厂的酒价格非常低。可是"泸州老窖"为什么这么成功？有两个原因——品牌和股权：泸州老窖创造了一个新品牌——国窖1573，文化营销做得非常到位；其次，"泸州老窖"做过两次股权激励。

第一次股权激励，对象并不是企业员工和核心管理人员，而是全国的经销商。当年"泸州老窖"的股票是5.8元每股，"国窖1573"刚刚上市。这一次的股权激励有两种模式：

第一，买股票。就是说，假如企业效益好，而经销商又很看好这个品牌，就可以购买公司股份。但同时，经销商也要分担风险，不仅资金被占用，而且股票也有下跌的风险。比方说，如果5.8元买的股票涨到10块钱，那么经销商就赚了；假如这段时间效益不好，股票跌到2.8元甚至更低，那经销商就赔了。

第二，给期权。就是说，现在的股价是每股5.8元，经销商按兵不动，等股价涨到10块钱时，再以每股5.8元的价格买入。经销商既保证了资金安全，又稳赚不赔。因此，期权最大的好处就是让经销商看到结果再投资，企业自己承担风险，让经销商获得实实在在的好处（见图10-8）。

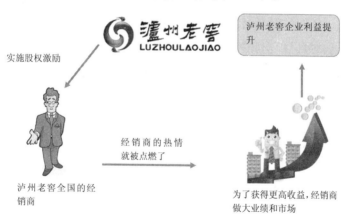

图10-8 泸州老窖通过股权激励整合经销商示意

那么，股价原来是每股5.8元，现在每股10元，中间的差价是谁给的?

首先，是产品市场给的，业绩靠市场，而市场，是经销商做出来的。

其次，是股票市场给的增益价值，产品市场和资本市场是息息相关的。经销商不仅可以按销售额获得回报，还可以赚取股价上涨的差价，这样，经销商的热情就被点燃了。因此，很多经销商依靠当年的期权和后来的定向增发赚了很大一桶金。泸州老窖的期权激励，把经销商彻底激活了。

后来，"泸州老窖"对员工进行股权激励的时候，期权价格已经非常高了，达到12.7元，所以，先通过期权鼓励经销商，然后拉动员工，这样的效果非常好。

◎【股权激励实操】

通过这个案例，我们可以清楚地看到，在经济全球化的时代，中小企业可以通过股权激励整合上下游的资源，迅速增强企业的赢利能力。将手头的资源充分调动起来，机会才会变多，而通过资源的整合，也能让企业中不同的业务相互呼应和支援，从而获取更大的利润。

从某种角度来说，股权激励可以看做管理模式和经营模式的综合体，而管理模式意味着企业如何对内进行资源整合，经营模式则意味着企业如何对外进行资源整合。股权激励要做到"融资源"并非泸州老窖才能做到，对于一些中小企业来说，即使自己拥有的资源很少，但如果能够善于对上下游市场进行分析，积极发现对自身有利的资源，并用股权激励将资源进行整合，利用不同方式来打造快速获利的模式，就能够做到以小博大、以少取多。

股权激励的整合能力有多大，盈利的能力就有多大。假如你的企业类型属于商贸型，那么你最担心的问题一定是有一天会被新的企业取代，因为你所处的地位很尴尬，处于上下游之间。既然如此，我们有没有可能通过股权激励把上下游的资源整合到一起，让自己的能力更强大呢？答案是肯定的。对于上下游的股权激励，主要有以下三种模式（见图10-9）。

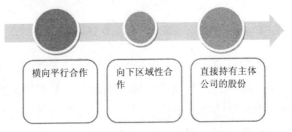

横向平行合作　　向下区域性合作　　直接持有主体公司的股份

图10-9　中小企业对上下游进行股权激励的三种模式

♦ 横向平行合作

意思就是处于中间地位的企业和上下游合伙开办一个新的企业，大家在这个共同的平台上进行合作。甚至可以像百丽一样，把这个全新的平台打造成上市主体，收购原来的生产工厂。

♦ 向下区域性合作

就像华为和格力那样，全国各地的销售企业和经销商集合力量，针对某个市场区域或者产品类型成立合资企业，所有的货源都从这个平台发出，便于各个经销商的业务往来。这种合作属于向下的区域性合作，这种模式的风险比较小，假如失败了，影响也不大。

♦ 直接持有主体企业股份

就像泸州老窖和海尔那样，经销商和供应商可以根据各自的销量拿到主体企业的股份，这种股份是虚拟的，比如说期权。在这种情况下，经销商的销量越多，拿到主体企业的股份就越多，这样一来，主体企业和经销商之间的关系就联系得更加紧密，相互的信任度也越高。

这三种和上下游的合作方式，出发点不同，因此有利有弊。到底是选择模式一，创造一个新平台? 还是选模式二，只保持区域上的合作? 还是直接把股份分给经销商呢? 如何选择，还是要看企业的业务如何，同时还要评估一下供应商和经销商的情况，尽可能地把股票价值放到最大。

就这三种模式而言，第一种模式的未来发展空间很大；第二种模式比较保险，对企业的影响较小；第三种模式，假如企业在未来有上市计划的话，经销商和供应商只要做好分内之事就好，做得越好，拿到的股份就越多，企业在上市之后上涨的空间就越大，自己的回报就越多，这样就避免了企业、供应商和经销商之间的博弈关系。

经销商有个最大的心病，就是他代理的品牌不是自己的，如果品牌一旦做起来，就像是领养的孩子长大后被别人给带走了。这块心病不解决，经销商就不会有安全感，假如我们用股权这跟绳子把上下游联系在一起，对于上下游和企业自身的发展都是有好处的。

因此，对于中小企业来说，不仅要做好内部员工的股权激励，还要通过股权把供应商和经销商的力量集合在一起，这样，在激烈的竞争中，你就不再是单打独斗，而是整个产业链在参与竞争，这无疑是给自己的企业开了外挂，相信企业的竞争力会所向披靡。